选择的智慧

——高中生涯规划自助读本

郭冬红 蔡建新 主 编

中国科学技术出版社
·北 京·

图书在版编目（CIP）数据

选择的智慧：高中生涯规划自助读本/郭冬红，蔡建新主编 . —北京：中国科学技术出版社，2017.8

ISBN 978 – 7 – 5046 – 7655 – 9

Ⅰ.①选…　Ⅱ.①郭…　②蔡…　Ⅲ.①高中生—职业选择②高等学校—招生—介绍—中国③毕业生—高中—升学参考资料　Ⅳ.①G635.5②G647.32

中国版本图书馆 CIP 数据核字（2017）第 228153 号

策划编辑　王晓义
责任编辑　方朋飞
责任校对　中文天地
封面设计　孙雪骊
责任印制　徐　飞

出　　版	中国科学技术出版社
发　　行	科学普及出版社发行部
地　　址	北京市海淀区中关村南大街 16 号
邮　　编	100081
发行电话	010 – 62173865
传　　真	010 – 62179148
投稿电话	010 – 63581202
网　　址	http://www.cspbooks.com.cn
开　　本	720 毫米×1000 毫米　1/16
字　　数	110 千字
印　　张	5.75
印　　数	1—5000 册
版　　次	2017 年 10 月第 1 版
印　　次	2017 年 10 月第 1 次印刷
印　　刷	北京盛通印刷股份有限公司
书　　号	ISBN 978 – 7 – 5046 – 7655 – 9/G·763
定　　价	30.00 元

前　言

　　高中阶段的学习生活是人们成长中的重要经历。高中新生将在家长、老师、同学的陪伴下去掉先前的稚气与鲁莽，积聚智慧与力量，逐步成长为理性稳重的成年人。高中学习生活是奔向人生梦想，实现职业理想的重要阶段，直接影响人生的发展方向。是报考大学继续深造，还是直接去创业？应该提早做出选择和规划。

　　高中的课程改革和高考制度的改革更加人性化。同学们可以在学习必修课程的基础上自主选学选考，但是如何选课？怎样走班？报考什么专业？怎样才能考上理想的大学？大学能为各位同学铺就什么样的职业生涯道路？一系列的问题扑面而来。本书采用第一人称的方式，为学生提供一些方向性的建议。

　　本书共设计了五章内容。第一章《拼搏奋进的高中生活》，介绍高中的课程管理、高中生活、高考制度；第二章《充满期待的大学校园》，简单描述大学的性质、内部管理架构、大学生活；第三章《丰富多彩的职业世界》，提供关于职业的概述、职业探索的方法、职业体验的设计；第四章《客观冷静的自我认知》，帮助大家梳理自己的优势与不足、成长环境、理想与期待；第五章《目标引领的选课选考》，提供了选课与选考的思路和方向，并提醒大家"千里之行，始于足下"，任何美好的愿望，都需要付诸行动的努力，才有可能实现。

　　希望通过本书，唤醒同学们的生涯规划意识，充分利用学校、家庭、社会等资源，借助现代信息技术手段，通过自身的观察、体验、分析、综合，不断丰富和完善生涯规划。我们力求帮助同学们进一步明确自己的职业生涯目标，自主设计成长发展路径，管理好高中学业，进而顺利地自主选课和选考。我们相信，同学们能够在目标引领下，科学规划人生，让高中的学习生活更精彩！

　　在本书的编写过程中，得到了北京教育科学研究院课程中心王红丽，北京教育科学研究院德育中心朱凌云，北京师范大学教育技术学院董艳，北京工商大学林永和等专家的大力支持，在此一并向他们表示衷心的感谢！

编　者

2017 年 5 月 4 日

目　　录

第一章

拼搏奋进的高中生活

导语

当我们怀着期望与憧憬来到高中校园的时候，内心可能是欢快而矛盾的：既想让自己激情绽放，个性飞扬，又想让自己积蓄力量，实现理想。不过，可曾想过：在这三年的高中生活、学习过程中我要经历什么？我会有哪些收获？我该如何应对学习、交往、身心变化？我需要为自己的未来做哪些准备？这里会给出明确的回答，让我们的高中生活充满精彩和阳光，让通往大学与职业之路通达顺畅。高中生活里不仅会有"风雨雷电"，还有诗和远方……

第一节　课程管理

工欲善其事，必先利其器。

——《论语》

导　读

高中的课程如何安排？各门课程必修和选修的学分又是怎样分配的？什么叫作走班制？高考时除了语文、数学、外语三门必考科目，还有哪些科目可以选考？选考都有哪些组合？这些疑问可以根据高中的课改方案与学校的具体安排逐一解答。

生涯故事

志强通过努力，如愿考上了心仪的高中校。

当志强抬头仰望高中校的大门时，一种自豪感油然而生。当然，旁边新生与家长的议论也飘进了他的耳朵里。

"听说了吗？高考要改革了！"

"听说了，好像是不用考那么多科目了。"

"那我可以自由选择喜欢的科目了？是不是不喜欢的科目就不用学了？"

"不清楚，听说现在是学生自己给自己安排课表了。"

志强也听说过高考改革的事，但是，并没有仔细地了解过。所以，他想去找学长们询问一下。

志强来到图书馆门前，有几名学长在为新生登记，解答疑问。

"学长你好，我有几个问题，请问你现在方便吗？"

"新同学你好，你的名字是……"

"我叫志强。"

"志强，有什么问题吗？"

一、高中课程设置

首先，让我们简单了解一下高中的学制和课程要求。

普通高中学制为 3 年。每学年 52 周，其中教学时间 40 周，社会实践 1 周，假期（寒暑假、国家法定节假日等）11 周。每学年分两学期，每学期以期中考试为界限分为两个学段。一般情况下，每学段 10 周，其中 9 周授课，1 周复习考试。

高中所学课程分为必修课与选修课。必修课程，顾名思义就是全体学生必须修习的课程，是普通高中学生发展的共同基础，由国家统一设置。选修的课程是学生根据个人的兴趣和发展需求，自主选择修习的课程。

其次，让我们看一看要学哪些学科课程，有什么要求？

高中课程开设有语文、数学、外语、思想政治、历史、地理、物理、化学、生物、技术（含信息技术和通用技术）、艺术（音乐、美术）、体育与健康科目和综合实践活动以及校本课程。其中，综合实践活动课程由社会综合实践、公益活动与志愿者服务几方面组成。

高中课程采用学分制管理。3 年的高中学习生活，要修满必修课和选修课的足够学分才可以，下表就是具体的学分要求。

	科　　目	必修学分	选修 I 学分	选修 II 学分
必修课程	语文	8	0～6	0～6
	数学	8	0～6	0～6
	外语	6	0～8	0～6
选修课程	思想政治	6	0～6	0～4
	历史	4	0～6	0～4
	地理	4	0～6	0～4
	物理	4	0～6	0～4
	化学	4	0～6	0～4
	生物	4	0～6	0～4
	技术（含信息技术和通用技术）	6	0～18	0～4
	艺术（音乐、美术）	6	0～18	0～4
	体育与健康	12	0～18	0～4
	综合实践活动	16	—	—
	校本课程	—	—	≥8
	合计	88	≥42	≥14

二、关于走班制

高中教学管理将启用新的教学模式，即教学班与行政班管理相结合的模式。实施走班制教学的班级称为教学班，如物理 B1 班。原班级称为行政班，如高一（3）班。

教学班是一种针对选修课程和选修层次，不固定班级且流动性很强的教学模式。同一科目不同层次的教学班，同时开展教学活动，学生分别去相应层次班级上课。走班制教学，就是学生根据自己的学习能力和兴趣以及现有的知识基础，结合任课教师和家长的意见，自主选择学习科目和层次。例如 A 层：知识基础较差，接受能力不强，学习积极性不高，成绩欠佳。B 层：知识基础一般，学习比较自觉，有一定的上进心，成绩中等。C 层：基础扎实，接受能力强，学习自觉，方法正确，成绩优秀。分层走班制教学实际上是一种运动式的，大范围的分层。它的特点是教师根据不同层次的学生重新组织教学内容，确定与其基础相适应又可以达到的教学目标，从而降低了"学困生"的学习难度，满足了"学优生"扩大知识面的需求。走班制的本质是以尊重个性化发展为本，学生自主选择相应的科目和层次，甚至可以跨年级选择，使学生个性和特长得到充分发挥。

行政班保持不变。一般来说，必修课程和班团活动仍在原有的行政班进行。

当然，各个学校的办学特色、师资配备、学生情况、社会教育资源等存在一定的差异，所以，在课程管理的安排上会有所不同。同学们在选课走班时要特别关注本校课程管理的具体办法，认真做好自己的选择。

三、关于选考

从 2020 年起，北京市统一高考科目调整为"3＋3"模式。不分文理科，即语文、数学、外语 3 门为必考科目，外加 3 门自主选考科目。也就是说，除了基础的语、数、外 3 门必考科目，个人可以根据自己的意愿和报考院校专业的要求，在思想政治、历史、地理、物理、化学、生物 6 门科目中选择 3 门作为自己的选考科目，即"6 选 3"，如史地生、理化生、政理化等等，共有 20 种组合。在新高考方案框架下，高考成绩由语文、数学、外语 3 门统一高考成绩和考生自主选考的 3 门普通高中学业水平等级性考试科目成绩构成，高考总分满分值仍为 750 分，作为高等院校（大学）录取的基本依据。

《北京市关于深化考试招生制度改革的实施方案（征求意见稿）》指出，高等院校可根据办学特色和定位，以及不同学科专业人才培养需要，从思想政治、历史、地理、物理、化学、生物 6 门普通高中学业水平等级性考试科目中，分专业（类）自主提出选考科目范围，但最多不超过 3 门，提前向社会公布。考生满足选考科目其中任何一门，即视为符合报考条件。而对于没有提出选考科目要求的高等院校，考生在报考该校时无科目限制。

高考科目有 20 种组合，下表仅列出一部分。

组合	必考 3 门	选考 1	选考 2	选考 3
1	语文、数学、外语	思想政治	历史	物理
2	语文、数学、外语	思想政治	历史	地理
3	语文、数学、外语	思想政治	历史	化学
4	语文、数学、外语	思想政治	历史	生物

续表

组合	必考3门	选考1	选考2	选考3
5	语文、数学、外语	思想政治	地理	物理
6	语文、数学、外语	思想政治	地理	化学
7	语文、数学、外语	思想政治	地理	生物
8	语文、数学、外语	思想政治	物理	化学
9	语文、数学、外语	思想政治	物理	生物
10	语文、数学、外语	历史	⋮	⋮
⋮	⋮	⋮	⋮	⋮

四、自我探究

我已经初步了解了高中的课程设置，现在就来回忆一下吧。

1. 普通高中共设有哪些课程?

2. 高考必考的科目有哪些?

3. 高考可供学生自选的科目有哪些?

4. 尝试列出6选3的所有组合。

5. 我现在初步的选择意向有哪几种组合?

知识链接

　　每到下课铃声响起，上海市建平中学的走廊就会出现一次小规模的"人口迁徙"——同学们背着书包，一边对照自己的课表，一边寻找下一节课对应的教室。

出现在建平中学的"新常态"，或早或晚会在多数高中推开。上海市教育综合改革方案公布，对接2017年的新高考，很多中学高一年级在完成了第一学期的基础教学后，从第二个学期开始步入"选课—走班"的全新教学时代。

根据2016年公布的《上海市深化高等学校考试招生综合改革实施方案》，2017年高中学业水平考试将分为合格考和等级考，学生可从6门等级考中选择3门，由此，就会产生20种不同的选课组合方案。根据学校的"摸底"，高一500余名学生，理论上的20种选课组合都出现了。数据显示，选科人数从多到少依次为化学、物理、生物、地理、历史、政治；按照组合来看，选择物理、化学、地理作为等级考试的学生人数最多，有103人；其次为物理、化学、生物组合，有91人；较少的组合为生物、政治、地理，只有2人选择。

"我们都知道，大学里实施选课制度，学生多为走班。国外即使是高中课程也需要学生走班，前提是规定好每科、每班的人数，学生根据自己的兴趣、需求，再和学校的教学资源对接。"杨振峰说，建平中学走班制的特点在于——完全满足学生的需要。"哪怕有的学科组合只有1个学生选，学校都要创造条件尽力满足。"在此之前，建平中学在数学和英语课实施分层教学已经积累了近20年的经验，走班制在这所高中并非完全没有基础。上海教育综合改革方案"落地"后，建平中学立刻在高一年级全面铺开组合走班制度。

建平中学的另一变化是课表进入"私人定制"时代。

如今，建平中学高一年级每间教室门上贴的都是寒假里刚挂的"班牌"。比如，高一（8）班教室的门上，还加上其他8个学业等级考"6选3"组合的班牌，分别为：物理B8、生物B3、地理B4、历史A6、政治A8、化学A1。其中，A班表示该学科选择合格考，B班表示该学科选择等级考。

和门上"密码"对应，每个高一学生的课表，从这个学期开始也都是"私人定制"。

高一（1）班怡萍的走班课程安排为物理B1班、化学A3班、生物B6班、历史A7班、政治B2班、地理A4班，组合起来物理、生物、政治班级，编号Z18。走班之外，该生体育课的上课班级为13。

高一（4）班学生星宇选择生物、化学、政治三门作为等级考科目。生物和化学是他比较喜欢且擅长的学科，和今后学医的志向挂钩。而政治科目则是征求班主任的意见后，在老师推荐下选择的。蔡豪选择的三门等级考科目为物理、化学和地理。在他看来，走班虽然打乱了传统意义上同学的概念，但坐在一间教室里的都是喜爱同一门学科、志同道合的伙伴，课上课下相互讨论的劲头更足了。

第二节 高中生活

> 君子学以聚之，问以辩之，宽以居之，仁以行之。
>
> ——《易经》

导 读

高中阶段要为高考打下坚实的基础，主要任务是学习，但这不是唯一任务。高中阶段是我们人生观、世界观、价值观形成的重要时期，如何管理学业、适应环境、人际交往、选择社团……这些都关系到我们的健康成长与顺利发展。

一、再谈学习

高中知识的难度加大，知识点增多，老师教学不可能面面俱到，只靠课上听讲是不够的。同学们需要课下进行及时复习，对新旧知识进行整合、消化和吸收，才能很好地运用知识解决问题。如果还是靠死记硬背来掌握知识，可能会出现上课听得懂、作业不会做的困惑。

生涯故事

刚上高一的永健最近因为学习成绩不理想一直闷闷不乐、困惑不已。他在初中成绩一直是班级前十名，但刚进入高中半学期，考试成绩就跌落到了班级倒数几名。郁闷的他一直想不明白：自己上课一直跟着老师的思路认真听课，老师讲的新知识自己也都能听明白。一到考试脑袋就一片空白，期中考试更是史无前例地跌入倒数行列。后来经过认真反思才明白，永健虽然上课认真听讲，

但作业的落实情况非常不好。无论是平时的晚自习还是周末在家，永健都基本不写作业，因为他说自己初中也是这么过来的，以前初中从来不写作业，但成绩也一直不错啊。也许在初中，我们可以仗着自己比较聪明，在作业落实上偷点懒，成绩并不会受太大的影响，到了初三，再突击一下，也能考上一个比较理想的高中。但到了高中，如果作业不及时处理，课下不及时复习，光靠自己脑袋聪明是没有用的。经过反思，永健改变了自己的学习方法，在课上认真听讲的同时，及时复习，落实作业，不懂的也积极问老师。经过一段时间的努力，他的成绩有了很大的提升。

通过这件事情，永健也悟出了一个道理，学习成绩的提高不能光靠自己的小聪明，更需要学习方法的调整和勤奋努力，正所谓"书山有路勤为径，学海无涯苦作舟"。

二、环境适应

当我们进入高中，面对新的同学与老师，或多或少都会有些拘谨。有些同学人际交往能力相对较弱，不会主动与人交往，不能很快融入集体。或者经常因一点小事处理不好与同学闹矛盾，心里不舒服，产生孤独感。在家里，我们都是父母的掌上明珠，家长对我们百般呵护，围着自己转，不自觉地养成了以自我为中心的习惯。在集体环境中，如果我们仍以自我为中心，不去考虑别人的感受，不善解人意，可能就会被同学排斥，从而很难适应环境。其实，在集体生活中，要学会关心和帮助他人。比如，寄宿制生活对提高学生的独立生活能力是非常有帮助的。只有积极地去适应环境，提高自己的独立生活能力，与同学互相关心，互相帮助，才能逐步成为集体生活中快乐的一员。

生涯故事

刚入高中的琪琪一直备受父母的宠爱与呵护，似乎她从记事起就没做过家务。当琪琪听说进入高中要开始寄宿制生活，内心非常恐惧与抗拒，担心自己不会叠被子、不会整理宿舍、不会洗衣服等等，甚至产生了走读的想法。住校第一周，琪琪每天晚上都哭着打电话给家里说要回家，不想在学校住。在老师和家长的共同帮助下，琪琪积极调整自己的心态，努力锻炼自己的独立生活能力，经过半学

期的努力，逐步适应了寄宿制生活，周末回家还成为了父母做家务的小帮手。

三、人际交往

（一）与同学交往

拥有几位知心好友，是我们所向往的。如何培养自己受欢迎的个性品质呢？其实良好的人际关系不是刻意追求来的，而是对一个人优良的个性品质的回报。营造良好的人际关系，不妨努力提升个人修养，尊重他人，关心他人，待人真诚，乐于奉献等。

生涯故事

亚楠一直在农村长大，性格比较内向。刚进入高中，新的环境让她感到拘谨，在人际交往上遇到了一定困扰。看着身边的同学们三两成群地一起吃饭、一起作业、一起玩耍，羡慕不已。自己却还是一直形单影只，想在新环境中交到好友，可是不知道如何走出第一步。亚楠愈发感到孤单，总是想念初中的好友。在老师的辅导下，亚楠了解到了一些人际交往方面的小技巧：当我们面临陌生环境，微笑是最佳的通行语言。微笑可以化解尴尬，有助于拉近人和人之间的距离。在学校里我们还可以积极参加班级事务，为班级事务献计献策，主动关爱同学，自然会交到朋友。

（二）与老师交往

在我们学习的过程中如何与老师相处，对学习成绩的好坏和校园生活有着直接的影响。与老师的交往中要注意两点：

一是要尊重老师。世界上没有零缺点的人，老师也不是完美的，如果他有观点不正确，可以委婉地向老师提意见。向老师提意见语气要婉转，时机要适当。如果老师冤枉了自己，不要当众和老师顶撞，应该暂时忍一忍，等大家都心平气和时再说。

二是犯了错误要勇于承认，及时改正。有的同学明知道自己错了，嘴上却死不认错；有的同学受过一次批评后，就特别怕老师，担心老师对自己有成见。谁都有犯错的时候，犯错了主动承认并及时改正，老师一样会喜欢你。老师不会因为哪个学生一次没完成作业，一次违反了纪律，就对他有成见，相信老师能够比较全面客观地评价学生。

生涯故事

永健自尊心很强、脾气也比较暴躁，非常要面子。某次因为迟到没有做值日，被老师点名批评了，永健感觉自己在全班同学面前丢了面子，当场对班主任的批评进行反驳，与老师的关系闹得很僵很尴尬。后来老师了解到那天他身体不舒服，一直在拉肚子，导致迟到没做值日。永健通过这个事情也意识到了自己应该勇于承认错误，然后再找老师私下解释交流。在师生交往中要充分尊重老师，并相信老师是爱护尊重每一位学生的，只有基于双方的相互理解，才能形成融洽、和谐的师生关系。

（三）与父母交往

我们进入青春期后，逐步减弱了对父母的崇拜、依恋、顺从，这被称为"离巢"现象。我们的渐渐独立，也使父母失落很多，心里也空落落的。两代人的成长背景决定了代沟的存在，我们要理解这种心情，对父母态度要温和，不要顶撞、偏激。父母对我们的要求并不高，只要我们有礼貌、态度温和他们就知足了。保持自己独立性的同时要坐下来，跟父母谈谈你的烦恼和理想，主动与父母进行交流和沟通，也许他们会给我们很多有益的启示，说不定父母也会受到我们的影响，接受一些年轻人认可的新生事物呢。

生涯故事

志强是个非常有主见的学生。进入高中以来，志强发现与父母的关系愈发紧张。作为寄宿制学校的学生，只有周末才能回家与父母团聚，可是，就这短暂的周末团聚，也经常会因为与父母的争吵，让志强变得情绪低落，返校心情很受影响。志强前来找心理老师聊天，觉得父母不理解他，很多事情跟不上时代的脚步，已经落伍了，仿佛与父母之间的交流已经变成"说话—吵架—沉默—说话—吵架—沉默"的恶性循环。经过与心理老师的沟通交流，志强尝试站在父母的角度去理解他们，作为老一辈，他们有自己的生活方式和理解事情的方式，虽然可能有些老土，但都是为了我们好。既然如此，那就改变沟通方式，从点滴做起。志强开始与父母分享生活中的新鲜事，倾诉自己的困惑与烦恼，倾听家长的分析和建议。渐渐地，父母的心态也有所改变，两代人经常在一起探讨人生道理，融洽了亲子关系。

四、关于社团

学生社团已渐渐成为校园文化生活中重要的组成部分，扮演着校园活动主力军的角色。社团为学生的活动搭建了舞台，让我们有了更好的自主发展空间，找到自我实现的平台，在一定程度上给我们的学习生活带来正向的引导作用。

每个学校都建有不少社团，例如话剧社、魔方社、航模社、声乐社、相声社、微电影社……这些社团各有各的特色，各有各的精彩。

五、自我探究

1. 面对一个全新的环境，有些同学常感到非常拘谨，不知道如何与新同学交流。我也想很好地融入集体生活，希望找到自己的好朋友，应该怎么做？

2. 我一直都在父母的保护下生活，不会与人交往，不会独立生活，不会整理内务。在集体生活环境，我担心不能融入集体，不喜欢住集体宿舍，应该怎么办？

3. 很多同学都有这样的体会：与哪位老师关系比较融洽，就喜欢上哪门课，哪门成绩就好，相反亦然，这大概也是爱屋及乌。那么，怎么和老师恰当交往呢？

4. 这么多的社团，我要参加哪一个呢？

知识链接

BJMUNSS 2016 通告暨年度回顾

2016 年北京市高中生模拟联合国（以下简称模联）暑期研讨会历时 4 天，共 7 个会期、3 场舞会培训、1 场舞会。有来自北京、山东及河北共计 67 所学校 322 位注册模联人参会，其中代表 240 人，志愿者 30 人，技术部成员 10 人，主席 30 人，组织团队成员 12 人。880 人次住宿。

大会共设置 3 中 2 英 5 个委员会，其中中文委员会 199 位代表，英文委员会 41 位代表。主席撰写背景文件共计 202968 字，代表共撰写工作文件、指令草案、新闻、决议草案、修正案共计 87 份 20 余万字，打印机出纸 2500 余张。

技术团队所设计会议物料印刷面积 1372 平方米，拍摄照片 1000 余张并甄选 487 张 9、721、423、872 像素，耗费 23 小时制作渲染视频 4 段共计 903 秒 21672 帧。

在这一年里，会务团队订过 795 份保险，4250 份会议用品，770 份纪念品，买过 6885 份茶歇，办理过 748 位代表的入住，装过 850 份代表手中的手提袋，手工作坊共耗时 18 小时，与各位同僚们度过 180 小时睡眠甚少的时光。

在这一年里，技术团队经历过 72 小时不关闭专业软件的日子，经历过连续 12 个小时调试程序的日子，经历过连续两个月 GitHub 高度活跃的日子，经历过连续数小时一步一步帮助代表报名、询问的日子。技术总监为 Console iT 系列软件贡献代码 2 万余行，设计师为 BJMUN 物料设计彻夜不眠，摄影师一次又一次地用尽储存卡中的空间和电池最后的电量，剪辑师无数次在一帧两帧的间隔中反复调试。

在这一年里，学术团队无数次批改代表作业至凌晨，翻译上万字的英文资料，整理近千条的参考资料。

在这一年里，秘书处流水数十万代表会费，累计耗费数周时间联系代表核对信息，两次会议共计更新过 87 版代表、志愿者信息表格。

在这一年里，我们经历了太多，就这样吧。

（选自北京市高中生模拟联合国协会官方网站　https：//bjmun.org/）

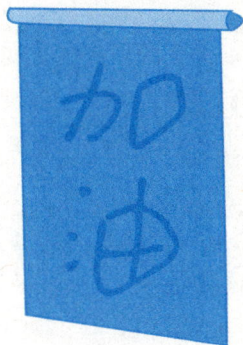

第三节　高考知多少

知者不惑，仁者不忧，勇者不惧。

——《论语》

导　读

2020 年高考改革，北京市出台了一系列的方案。新高考制度有哪些改变呢？必考科目与选考科目有什么区别？高招政策对选考有何限制？高招是怎样进行的？这些问题直接影响我们的学业规划和后续的人生发展。

一、高考改革

1. 不分文理科，高考总分由两部分组成。一部分是全国统一高考的语文、数学、外语 3 门必考科目的成绩，各科满分均为 150 分。其中，外语科目提供两次考试机会，可选其一计入总分。

另一部分是高中学业水平考试成绩。包括思想政治、历史、地理、物理、化学、生物、技术、艺术、体育与健康等科目，而每门都已经"学完即考""一门一清"，在高考中就不必重新再考。考生在报考时，只需根据报考高校提前发布的招生报考要求和自身特长，从思想政治、历史、地理、物理、化学、生物六科中自主选择三门选考科目，即"6 选 3"，各科满分均为 100 分，成绩计入高考总分。

改革后，高考含 3 门必考科目和 3 门选考科目，即"3＋3"，满分为 750 分。

2. 综合素质评价将纳入高校录取参考。北京市将进一步完善学生综合素质评价制度，并将综合素质评价作为学生毕业和升学的重要参考。

综合素质评价的内容要记录学生各方面发展状况，主要包括学生的思想道德、学业成就、身心健康、艺术素养和社会实践等方面的实际情况，客观记录学生的成长过程，整体反映学生德智体美全面发展情况和个性特长。

综合素质评价注重写实性，以电子平台为载体及时记录和储存评价信息，每学期结束时及时进行材料的遴选、公示、审核、监督。学生毕业时，提取经过审核、公示的相关资料形成学生综合素质档案，为高校选拔学生提供参考。

3. 英语听力有变化。从 2017 年起，英语听力分值 30 分，采用计算机化考试，与统考笔试分离，一年两次考试，取听力最高成绩与笔试成绩一同组成英语科目成绩计入高考总分。从 2021 年起，英语增加口语考试，听力加口语考试共计 50 分，英语科目总分值不变。

二、关于高招

普通高等院校招生全国统一考试简称高考，是中华人民共和国（不包括香港、澳门特别行政区和台湾省）合格的高中毕业生和具有同等学力的考生参加的选拔考试。中国现代高考制度的建立，有两个重要来源：一是科举考试制度所形成的传统考试思维和价值，二是西方现代考试制度的模式和手段。高等院校依据考生高考成绩招收学生的过程可简称为高招。高招有多种形式，针对普通高中毕业生的高招，一般分为本科和高职（专科）两个招生层次进行。

1. 本科招生

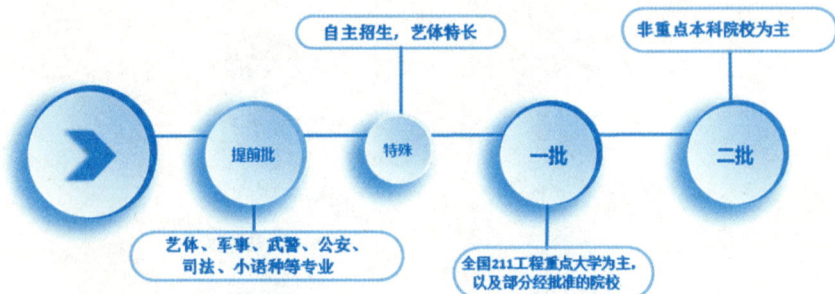

（1）提前批：本科提前批是在本科一批之前录取的、有特殊要求的院校，列举以下主要类型。

• 军事、武警和公安类：具有特定的报考条件和招考流程，要求参加统考后进行政治考核、面试和军检，志愿填报在提前批。

• 飞行员类：分为空军招飞、海军招飞和民航招飞。招飞过程包括考生报名、初选（面试、体检、资格确认等）、复选（全面体格检查、心理品质测试、政审及背景调查等）、参加高考、高考后的身体复查、录取等工作环节。

• 艺术类：考生报考高等艺术院校或普通高校的艺术类专业，先参加艺术专业考试并取得艺术专业考试合格证后，再参加高考，在录取时执行单独的录取分数线。

• 体育类：考生报考高等体育院校或普通高校的体育类专业，考生需按不同专业的要求参加文化课考试、体育专业考试以及面试，录取执行单独的录取分数线。

（2）特殊类型

• 高水平运动队：部分普通高校为了活跃校园体育氛围，提高体育竞技水平，并满足大学生运动会的组队需要招收的具有体育特长的考生。它区别于上文的"体育类招生"：①报名条件，对运动员等级证书和获奖名次等要求更高；②考试方式，考生须分别参加高校高水平运动队招生全市统一测试和招生院校组织的测试；③志愿填报，在填报高考志愿时，应在特殊类型招生志愿栏中，按要求选择填报本人已被认定为高水平运动队特长生资格的院校（或称签约院校）志愿；④报考科类，被录取后高水平运动员可在学校规定的专业内自主选择专业，在学习本专业的同时，利用业余时间参加学校的体育训练。

● 高水平艺术团：部分普通高校为活跃校园文化生活、推进学校素质教育而录取一些高考成绩达到一定要求，又有艺术专长的考生。它区别于上文的"艺术类招生"：①考试方式，考生须分别参加全市统测和招生院校艺术水准测试；②志愿填报，考生在艺术特长测试合格后要和学校签订协议，一般选择签订协议的高校作为第一志愿学校，在高考录取过程中考生享受相应的降分录取优惠政策；③报考科类，报考的是高校的普通类专业，如国际经济与贸易、土木工程、会计学等，而不是艺术类专业，只是需要利用课余时间参加该校的文艺排练和演出。

● 自主招生：主要选拔具有学科特长和创新潜质的优秀学生。考生参加统考及高校自主招生选拔，录取比例一般不超过总招生人数的5%。高校在高考后独立组织考试，给予在考试中表现优秀的学生降分录取等优惠。招生程序包括申请材料审核、公示初审通过考生名单、参加统考、高校考核、确定并公示资格名单、填报志愿、高校录取。

（3）本科一批和二批：考生获取高考成绩后，根据自己的高考成绩和报考专业的要求，填报志愿院校和专业。本科招生分为两个批次录取。本科第一批次录取的主要有教育部直属高校、"211工程"院校、部省共建的原部委所属重点高校和经过批准参加本科录取的高校（专业）。本科第二批次录取的一般为省属非重点本科院校、独立学院和民办本科高校等。

2. 高职（专科）招生

高职（专科）面向普通高中毕业生的招生一般要在本科录取之后进行。主要形式有高会统招、高职自主招生。

（1）高会统招：高会统招录取以高考成绩和会考成绩为主要依据，录取时须判断考生会考成绩是否符合所报志愿的要求，对符合要求的考生按高考语文、数学、外语三科总分进行录取。在填报志愿时以"专业+学校"为志愿单位，即一所学校的一个专业为一个志愿单位，每名考生最多可填报20个志愿。

（2）高职自主招生：是经教育行政部门批准，具有自主招生资格的高职院校完全自主进行的招生形式。招生院校自主确定入学标准、自主进行入学测试，以及自主实施招生录取。采取多样化的测试及评价方式，注重考查学生的专业潜质、高中阶段学习成绩及综合素质评价。一般在高考前进行招生，大约是三四月份。考生只需参加招生院校测试，不需高考成绩。考生参加高职自主招生后，如果被录取，当年就不能再参加其他院校的考试与招生。如果未被录取，可继续参加统一高考。

三、备战高考

高考重要吗？当然重要，而且极其重要。高考的可贵，就在于它的纯粹和公平的选拔。所以参加高考，在最纯粹的竞争中，尽力地拼搏一次，让我们离梦想更近一步。

新高考模式的最大亮点在于体现我们与高校的双向选择。高校根据自己的办学特色选择学生，学生根据自己的兴趣特长选择院校和专业。学生选择的关键是要具有职业生涯规划能力，对未来的职业发展方向有自己的倾向性。这要求高中生不能"两耳不闻窗外事，一心只读圣贤书"，除了努力学好各门功课外，还要了解自我，了解社会，了解职业。

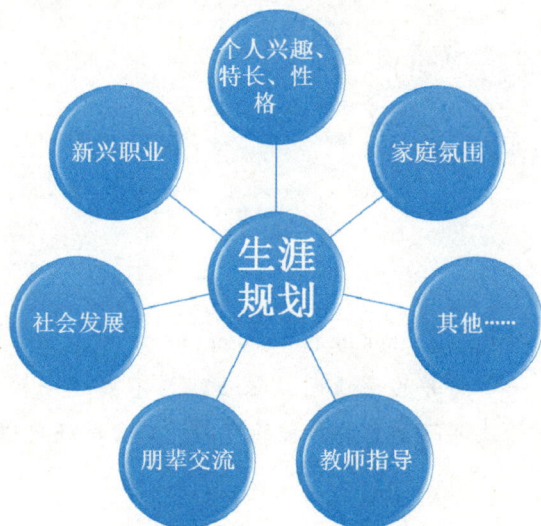

生涯故事

艳霞就读于某县城一所重点高中校。她来自农村，深感父母供自己上学不容易，从上高一起就给自己定下目标要考上理想的大学。为此，艳霞放弃了自己的兴趣爱好，把所有的时间和精力都放在功课上。高考前夕，她听表姐说临床医学专业很热门，就业前景好，便根据家人的意愿报考了该专业。后来，她考上了某高校的临床医学专业。然而，进入大学以后，艳霞才发现自己并不喜欢这个专业，对于人体解剖学、生理学、生物化学等专业课程完全提不起兴趣，经常搞得一头雾水，甚至要花比别人多一倍的时间才行。丰富多彩的大学生活都是别人眼中的精彩，身边的同学参加轮滑、棋社、漫画等社团活动不亦乐乎，而自己却没有任何兴趣特长，参加学生会的竞选第一轮面试就被刷下来了……艳霞后悔了，如果再给我一次机会，一定要认真规划自己的高中和大学生涯。

知识链接

"阳光高考网" http://gaokao.chsi.com.cn/

提示：目前，关于高考的商业网站很多，请不要过分相信其内容。我们应该尽量查询教育行政部门和有关学校的官网，必要时还要进行信息核实。

第二章

充满期待的大学校园

导语

　　进入大学深造是每个人孩提时代的梦想，想象中那里自主而开放，是汲取营养、获得力量，让理想插上翅膀展翅高飞的地方——一个童话般的美丽世界。然而，大学的种类、级别、档次很多，知名度各有不同，研究领域各有千秋，专业影响大小不一。它们都有哪些专业设置、硬件配置、学习管理、发展路径、研究方向、社团组织，以及该怎样适应大学的学习、生活环境，如何定位前进方向？以下文字将为我们答疑解惑，消除迷茫……

第一节 大学知多少

大学是研究和传授科学的殿堂，是教育新人成长的世界，是个体之间富有生命的交往，是学术勃发的世界。

——卡尔·雅斯贝尔斯

导 读

大学应该具备大师、大学生、大学问、大气魄这几个"大"要素，每一所大学都有它独特的文化和底蕴。随着现代知识的不断分化和大学职能的不断扩展，大学的概念和内涵有了新的发展。大学的层级、大学的办学理念、大学的任务、大学的院系架构、大学的专业……已经成为更多高中生感兴趣的话题。

青年时代是激情洋溢和追求梦想的时代。对于我们而言，读大学的价值不仅在于一纸学历证书，更在于积累丰厚的专业知识，尽情发展自己的兴趣特长；增长见识，开阔视野；接受高雅文化的熏陶，加深人文修养；获得一批志趣相投的同学及朋友；形成独立的人生观和价值判断。

一、高教与普教之别

高等教育是培养高级专门人才的教育，包括专科、本科和研究生教育。普通教育是基础教育，包括小学教育和中学教育。

高等教育具有"高"和"专"的特点。"高"意味着入学要求高，学习的知识高深，所要求的技能也更复杂和高级。"专"是指大学教学的专业化和专门化，特别重视在专业范围内发现问题、分析问题和解决问题的能力。高等教育有3个社会职能。一是培养高级专门人才；二是发展

科学技术，开展科学研究；三是直接为社会服务。高等教育的教学由传授法向指导法转化，通过校内教学和社会实践相结合，教学与科学研究相互渗透，重视锻炼独立工作的能力。

二、大学层级

我们知道美国的哈佛大学、英国的剑桥大学都是世界一流的大学。我国也有世界一流的大学，如北京大学、清华大学。

在我国，还有教育部直属高校、"211 工程"院校、省部共建的高校、省部重点支持的高校、本科层次的二级学院和民办本科高校等。除了本科院校还有很多专科院校和高职院校等等。

三、大学的任务与分类

梅贻琦先生于1931—1948年任清华大学校长。他认为，大学应有两种目的：一是研究学术，二是造就人才。当今社会从工业经济向知识经济转型，使得大学所从事的科研与社会有了更加密切的联系。大学由"社会的边缘"走到了"社会的中心"。以前，我们常常把全国重点大学分为两类："985"和"211"。如今，随着现代知识的不断分化和大学职能的不断扩展，使得大学的概念和内涵又有了新的发展，出现了"教学型大学""研究型大学""教学与研究型大学""专科大学""综合型大学"等不同的称谓。比如北京大学按各学科比例情况属于综合类，按科研规模又属于研究型，所以北京大学属于综合类研究型。而这种变化的产生同时也反映了大学在其职能和内涵上的变化。

四、大学的精神和文化

复旦大学前校长杨福家认为：大学之所以成为大学，关键在于它的文化存在和精神存在。大学的文化是追求真理的文化，是严谨求实的文化，是追求理想和人生抱负的文化，是崇尚学术自由的文化，是提倡理论联系实际的文化，是崇尚道德的文化，是大度包容的文化，是具有强烈批判精神的文化。

大学校园让我们充满期待，那么，我们该如何度过大学生涯呢？希望李开复先生写给女儿的信，可以给你一些启发。

你该如何度过大学生涯？

——李开复给女儿的信（节选）

大学将是你人生最重要的时光，在大学里你会发现学习的真谛。你以前经常会问到"这门课程有什么用"，这是个好问题，但是我希望你理解："教育的真谛就是当你忘记一切所学到的东西之后所剩下的东西。"我的意思是，最重要的不是你学到的具体的知识，而是你学习新事物和解决新问题的能力。这才是大学学习的真正意义——这将是你从被动学习转向自主学习的阶段，之后你会变成一个很好的自学者。所以，即便你所学的不是生活里所急需的，也要认真看待大学里的每一门功课，就算学习的技能你会忘记，学习的能力是你将受用终身的。

不要被教条所束缚，任何问题都没有一个唯一的简单的答案。还记得当我帮助你高中的辩论课程时，我总是让你站在你不认可的那一方来辩论吗？我这么做的理由就是希望你能够理解：看待一个问题不应该非黑即白，而是有很多方法和角度。当你意识到这点的时候，你就会成为一个很好的解决问题者。这就是"批判的思维"，这是你的一生都会需要的最重要的思考方式，这也意味着你还需要包容和支持不同于你的其他观点。我永远记得我向导师提出了一个新论题，他告诉我："我不同意你，但我支持你。"多年后，我认识到这不仅仅是包容，而是一种批判式思考，更是令人折服的领导风格，现在这也变成了我的一部分。我希望这也能成为你的一部分。

在大学里你要追随自己的激情和兴趣，选你感兴趣的课程，不要困扰于别人怎么说或怎么想。史蒂夫·乔布斯曾经说过，在大学里你的热情会创造出很多点，在你随后的生命中你会把这些点串联起来。在他著名的斯坦福毕业典礼演讲中，他举了一个很好的例子：他在大学里修了看似毫无用处的书法，而十年后，这成了苹果电脑里漂亮字库的基础。因为苹果电脑有这么好的字库，才拥有了这么便利的办公软件。他对书法的探索就是一个点，而苹果电脑把多个点联结成了一条线。所以，不要太担心将来你要做什么样的工作，也不要太急功近利。假如你喜欢日语或韩语，就去学吧，即使你爸爸曾认为那没什么用。尽兴地选择你的点吧，要有信念。有一天机缘来临时，你会找到自己的人生使命，画出一条美丽的曲线。在功课上要尽力，但不要给自己太多压力。最重要的是你在学习，你需要的唯一衡量是你的努力程度。大学中还有一件重要的事，就是交一些朋友，快乐生活。

所以，珍惜你的大学时光吧，好好利用你的空闲时间，成为掌握自己命运的独立思考者，发展自己的多元化才能，大胆地去尝试，通过不断的成功和挑战来学习和成长，成为融汇中西的人才。

五、自我探究

利用网络资源、社会调查、访谈等形式，对身边的某一所大学进一步探索，了解它的发展史、校训、名师、专业设置、课程安排、社团、学习方法、发展方向等等。

我所在的城市 _____

我所在的区县 _____

我身边的大学 _____

选择一所大学，请把探索发现的结果记录下来

知识链接

要想成为掌握自己命运的独立思考者，就必须发展自己的多元化才能，那么，21世纪的学习素养有哪些呢？

学习与创新素养包括：批判性思考和解决问题能力、沟通与协作能力、创造与革新能力；数字化素养包括：信息素养、媒体素养、信息与信息技术素养；职业和生活技能包括：灵活性与适应能力、主动性与自我导向能力、社交与跨文化交流能力、高效的生产力、责任感、领导力等。

第二节 大学初探

导 读

大学承载着为社会输送人才的责任，其学院和专业设置与社会发展密切相关。我国的大学在一百多年的发展过程中，不断新增和删减了很多专业，认识这种发展趋势是我们对自己进行生涯规划的重要参考。我们要结合自己的兴趣和特长，了解与之相关的专业，学会带着发展的眼光看待和评价这些专业的历史和未来，能够借助对这些的分析，尝试进行高考选考的规划。

一、大学的院系架构

我们先来了解一下清华大学的院系架构。

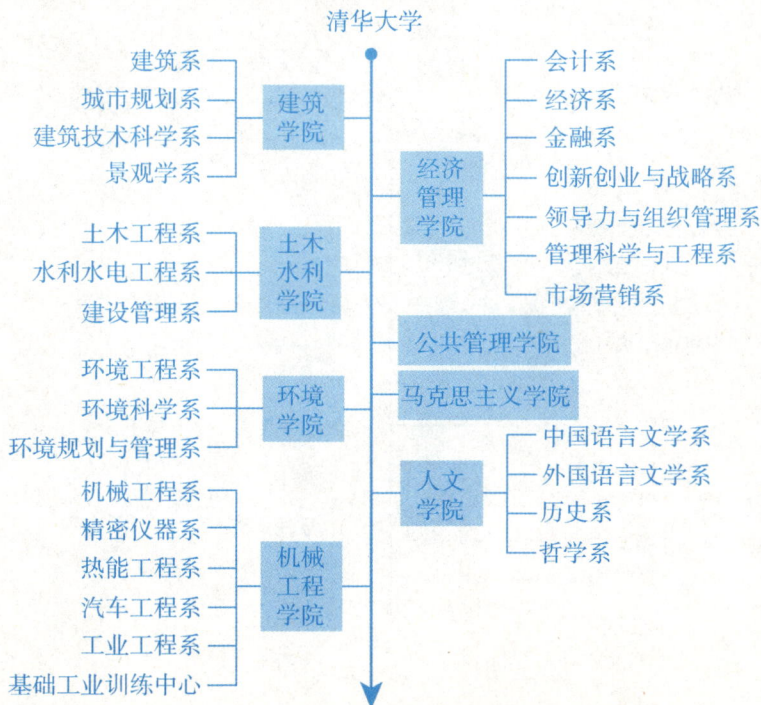

清华大学

建筑系
城市规划系
建筑技术科学系 — 建筑学院
景观学系

会计系
经济系
金融系
创新创业与战略系 — 经济管理学院
领导力与组织管理系
管理科学与工程系
市场营销系

土木工程系
水利水电工程系 — 土木水利学院
建设管理系

公共管理学院

马克思主义学院

环境工程系
环境科学系 — 环境学院
环境规划与管理系

中国语言文学系
外国语言文学系
历史系 — 人文学院
哲学系

机械工程系
精密仪器系
热能工程系 — 机械工程学院
汽车工程系
工业工程系
基础工业训练中心

社会科学学院
— 社会学系
— 政治学系
— 国际关系学系
— 心理学系
— 经济学研究所
— 科技与社会研究所

航天航空学院
工程力学系
航空宇航工程系

法学院

新闻与传播学院

五道口金融学院

信息科学技术学院
电子工程系
计算机科学与技术系
自动化系
微电子与纳电子学系（微电子学研究所）
网络科学与网络空间研究院
软件学院
信息技术研究院

美术学院

史论分部 — 艺术史论系

设计分部
— 工业设计系
— 环境艺术设计系
— 陶瓷艺术设计系
— 视觉传达设计系
— 染织服装艺术设计系
— 信息艺术设计系

材料学院

电机工程与应用电子技术系
工程物理系
化学工程系
核能与新能源技术研究院

美术分部
— 工艺美术系
— 绘画系
— 雕塑系

理学院
数学科学系
物理系
化学系
地球系统科学系

体育部

艺术教育中心

教育研究院

生命科学学院

医学院
生物医学工程系
基础医学系
临床医学院
公共健康研究中心

继续教育学院

深圳研究生院

药学院
高等研究院
交叉信息研究院
周培源应用数学研究中心
燃烧能源中心
数学科学中心

苏世民书院

全球创新学院

新雅书院

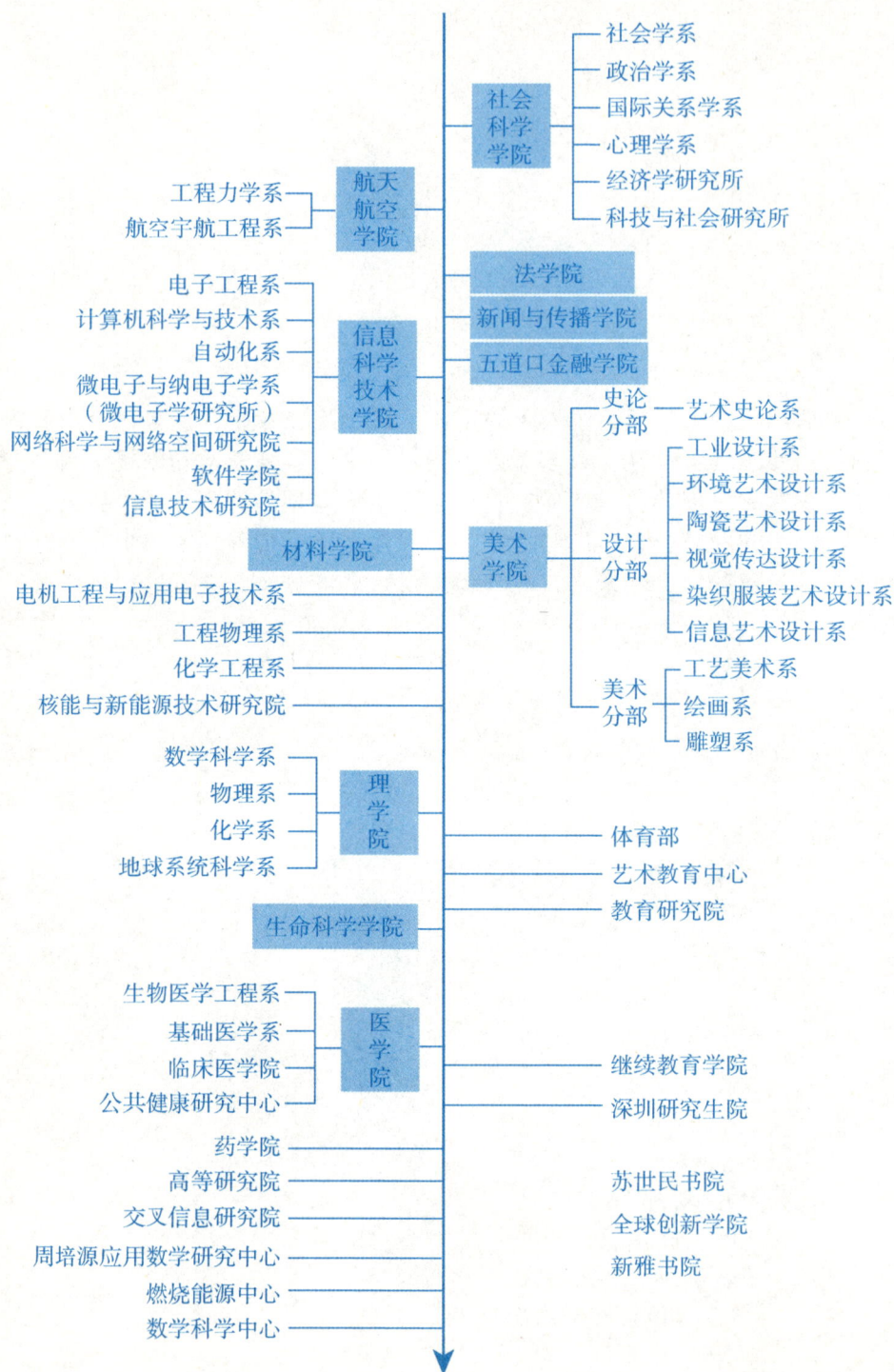

（图片选自清华大学官网）

一般来说，不同的大学有不同的历史沿革，其办学方向、师资队伍、硬件设施、优势学科、招生层次等都存在很大差异。从组织架构来说，一所综合性大学会有这样的层级：大学→学部→学院→系→专业→学科→课程等等。同一所大学，有它优势的院系和专业，不同的院校，同一个专业其发展也存在差异。有些大学不仅建有本科院系，还设有研究生院，硕士、博士授权点，建有国家级或省部级重点实验室。这些因素在一定程度上反映了这些大学的优势专业或优势学科。我们要想了解大学的具体情况，可以到官网查询，必要时还可以去实地探访。

二、大学的专业设置

对于高中生来讲，高考报考的专业很可能就会主导自己未来的职业生涯方向，所以，选择专业对高中生而言有举足轻重的意义。专业选择是职业定位及人生发展的第一步，它不仅关系到大学学习什么内容，培养什么能力，更关系到在未来的职业世界中把什么作为自己的立足点。

专业，从字面意义讲，是高等学校或中等专业学校的学业门类。教育部2012年颁布了改革开放以来第四次修订的最新高校本科专业目录，分设哲学、经济学、法学、教育学、文学、历史学、理学、工学、农学、医学、管理学、艺术学12个学科门类，其中艺术学是新增的学科门类。专业类由修订前的73个增加到92个，专业由修订前的635种调减到506种，分为基本专业352种和特设专业154种。

作为高中生，我们除了要了解基本的专业大类，还需要了解专业侧重培养的人才类型。如有些专业培养技能型人才，这类专业的毕业生能够适应早就业。有些专业侧重培养基础理论研究型人才，毕业生适合继续进行学习深造，从事研究型工作。

专业的选择，应该与社会发展结合起来，在报考专业的过程中，要看该专业对应的可能的职业方向，了解这种职业在众多职业中的发展前景，以及与自己性格、能力的匹配程度，最终决定选择的专业类别。

生涯故事

远豪从小就对"吃"情有独钟，但是他不只是关注吃了什么，好不好吃，他对"吃"总是抱着一种研究的心态。吃的这个东西是什么？里面含有哪些营养成分？对我们的身体有哪些方面的帮助？也正是因为这一点，每每别人问及他的兴趣爱好时，他总会特别得意地说："吃！"

随着远豪对"吃"研究得越来越多，他逐渐产生了一种想法，"把研究吃作为自己一辈子的职业！"他这样想着，也开始着手了解研究"吃"的学校。

通过网络搜索，他发现大家推荐了江南大学、中国农业大学、华南理工大学、浙江大学，还有一个让他一看就眼睛一亮的学校，就是北京工商大学。在一次与班主任老师的聊天中，老师曾经认真地跟他提过这所学校，说他可以尝试在这里展开他的关于"吃"的研究。

虽然这个院校远豪曾经听说过，可是对它并不了解，于是，他咨询了已经上大学的表姐。表姐告诉他，一个学校硬件设施水平，能够从某种程度上彰显它的学科发展实力，这些可以从学校的官方网站上直接了解！

就这样，远豪在表姐的帮助下，进入了北京工商大学的官网。

不看不知道，北京工商大学不仅有专门的食品学院，还专门设置了北京食品营养与人类健康高精尖创新中心。

再看看，它关于食品的科研成果肯定也不少。

看了这么多信息，远豪更加坚定了自己的目标：北京工商大学食品安全专业就是我梦开始的地方！看看食品学院的页面，每一个内容都对他充满着吸引力。

带着对北京工商大学的最懵懂的认识，远豪决定自己走进北京工商大学，去亲自体会一下学校的物质和精神文化，了解一下校风校貌。
（注：以上图片来自北京工商大学官网。）

三、自我探究

我也要利用网络去查询梦想大学的官网，深入了解它的管理架构和专业设置。到了暑假，我还要亲自去那里做实地探访。简单记录一下。

第三节　大学生活

Learn to learn；learn to do；learn to together；learn to be。

——联合国教科文组织

导　读

在进入大学之前，大学是浮在我们心头的一幅儿童画，是生机勃勃的、是可爱的、是自由的、是充满了色彩的。这种主观的美好的"儿童画"是许多高中学生备战高考的精神支柱，但这幅"儿童画"与现实之间的相关性，很多同学都没有认真地思考过。带着这份想象中的画面进入大学，就会发现理想与现实之间存在着巨大的反差，内心的矛盾、冲突和纠葛，会让很多初入大学的学生不能很快、很好地认知和接纳大学生活。真正的大学生活是怎样的呢？怎样度过几年的大学生活呢？

一、新的环境与角色

大学生与中学生担任的校内角色不同。经过高考的筛选，水平相当的学生汇聚在同一所大学校园。我还能出人头地吗？努力苦练也不能独占鳌头怎么办？在中学时，不少人在校内或班内担任一定职务，而在人才荟萃的大学校园里，他们中的大多数可能成为不担任任何职务的普通学生。大学新生需要适应这种由出人头地到默默无闻，由高材生到一般学生的转变。此外，大学生与中学生所担当的社会角色也不同，中学生的心理和思想正在发展中，职业方向和社会角色不够确定；而大学生的职业方向基本确定，社会的参与度也越来越高，社会对大学生的期望和要求标准要比中学生高得多。

生涯故事

大学学长 A：天色刚亮，就可以看到校园里有人在树荫中读外语了，那种专注的样子，让行人都放轻了步子，怕打扰了他们。找个座位坐下来，掏出课本，一天的大学生活拉开了序幕……

（来源：网络《我的大学生活》）

大学学长 B：到了大学之后，你开始接触不同地域的人群，周围不再是从小一起玩到大的好哥们，那些五湖四海的人啊，每个人都有不同的生活习惯。而在入学后的很长一段时间里，我感到孤独，新环境的格格不入，老朋友的渐行渐远。很庆幸我在班里交到了这样的一位朋友，简简单单也会彼此惦记，不黏乎也不用刻意维系，不等你开口她也能猜出八九你所想。经得起小船说翻就翻，也受得住彼此的唾沫大战……

（来源：知乎）

大学学长 C：在大学，不会再有老师苦口婆心的教诲和不知疲倦的讲解；不会有每天做不完的习题和试卷；也不会天天为了分数、名次而焦急、苦恼；也不会因为喜欢看《红楼梦》，又怕被老师发现而东躲西藏的事情……更重要的是，在大学里会有各种各样的活动等着你去参加和体验，而这些在高中都被视为纯属浪费时间的事情……

（来源：网络《我的大学生活》）

二、自主管理

进入大学，老师不会再逼着我们学习，没有老师再过问我们的作业，似乎大学完全是一个自由的世界。然而，在这个自由的空间，我们该怎样学习呢？学会自主管理尤为重要。在大学，每个人都将拥有自己的课程表，确定自己的学习目标，合理规划自己的学习时间，制订自己的学习计划，这是大学生与高中生的区别。大学生活需要极强的自我约束和自我管理能力，增强学习生活的主动性，不断地实现自我完善才是大学生活的特点。

三、学业管理

学业是大学生立身之本，学业是大学生应当集中精力努力掌握的知识、能力、素质体系。进入大学，很多课程都需要自己选择，听哪位教授的讲座也需要自己选择，就连阅读的书籍都需要自己选择……那么，大学的学业将怎样完成呢？这样看来，大学生的学业规划与管理非常重要。学业规划可以说是自身理想和社会现实的结合，所以，大学期间要结合现有的条件和制约因素，确立整个大学期间的学业目标，并靠着自己的意志力来坚持，靠着自己的判断力来进行调整。因此，对于大学生来说，一定要了解自己学什么，怎么学，什么时候学，不断地提高自身综合素质，这样，才能把握机会，获得成功。

四、人际关系

当代大学生独特的生活环境和思想氛围，决定了其人际交往比中学生时代具有更大的广泛性、互动性和多样性。大学生的人际交往更为迫切，力图通过人际交往去开阔视野、丰富知识、学会处事以表现自己各方面的才能，获得情绪的稳定，保持足够的自尊心和自信心。大学生的人际交往具有很强的社会性和思想性，呈现十分开放的交往趋势，不仅同性之间交往，异性之间也能坦率交往。

五、多元选择

大学生无论是思想还是行为，都走在社会前沿，多元化的价值观使得大学生的校园生活具有多元选择。大学生可以选择参加什么样的社团，可以选择自己的社会实践以及兼职工作，可以选择就业方向，可以选择自主创业……这样看起来，选择在大学的学习生活中无处不在。对于大学生而言，要树立多元合理的价值观，树立自己的理想和追求，培养自己关注信息和筛选信息的能力，这样才能做出正确的选择。

生涯故事

生涯课上，老师给同学们介绍了几位大学生的生涯故事，课后作业是完成"我的大学"。亚楠有些茫然了，她只想过要考上理想的大学，至于自己的大学要怎样度过，还真的没有想过。按照老师的提示，她梳理着自己的思路。老师说要从学习、人际、社团、职业体验等方面去思考。通过一段时间的信息搜集，亚楠用画画的形式，记录了自己的想法和思考。

这件事情做完之后，她突然觉得，大学一下子变得具体了，不再是那么高高在上了，也不再那么神秘和充满幻想了。"伸手可以触到"的大学，让亚楠对目前的高中学业规划更加清晰。亚楠打算，等到高考结束的时候，再把"我的大学"完善一遍，为真正进入大学做好铺垫。

六、自主探究

通过现实的渠道和手段搜集信息，了解学长的大学生活，记录关于"大学生学习生活"的思考。

第三章

丰富多彩的职业世界

导语

    每个人在完成各自层次的学业学习后，都要进入到社会，从事某种职业。职业作为我们的生存方式，是一定要参与的。世界范围内，职业的种类是多种多样的。随着社会的发展、科技的进步，有些职业正在逐渐消亡，而有些新的职业又应运而生。在传统职业和新兴职业中，是否有你心仪的职业？对它们了解多少？它们的前世今生是怎样的？今后还会怎样发展？各职业对人的素质要求都有哪些？就让我们踏上职业探索之旅，来一次职业体验吧……

第一节　职业认知

> 三百六十行，行行出状元。
> ——民间谚语

导　读

高中生正处于职业探索阶段，对未来的人生充满了好奇与憧憬，渴望了解真实的社会生活，渴望了解多彩的职业世界。什么是职业？职业分为哪些？当下有哪些热门职业？职业的意义是什么？从事某一职业，往往是我们步入社会的重要标志，而在这之前的一系列学习与实践，都是在为自己的职业生涯奠定基础。做出慎重的职业选择是生涯发展中十分重要的任务，也是一个人能否获得满意、幸福和有价值人生的重要因素。

一、职业概述

在《国家职业大典》里，劳动与社会保障部明确规定了职业的五个要素：一是职业名称，它是职业的符号特征；二是工作的对象、内容、劳动方式和场所；三是特定的职业资格和能力；四是职业所提供的各种报酬；五是在工作中建立的各种人际关系。

二、职业的发展

在社会发展的进程中，职业在不断地发展变化。社会生产力的发展直接推动职业的发展与革新，职业的发展对人们择业观念产生较大的影响。职业发展的特点从总体上看，则呈现出以下几个特点。

1. 社会职业种类越来越多，职业更迭的频率逐渐加快。随着社会生产力的发展，社会的分工和职业的种类也越来越精细，现在职业已远远超过"三百六十行"。据有关资料，我国隋朝有 100 个行业，到宋朝达 220 个，到了明朝增至 300 多个。中华人民共和国成立后，全国各种岗位的总和已发展到10000 种左右。近年来，物流师、心理咨询师、项目管理师、舞台灯光师、茶艺师等各种新型职业也不断涌现。

2. 职业分工由简单到精细。以农业为例，早期农业是指种植业，后来随着生产力的发展，种植业又细分为粮食作物种植业、经济作物种植业、蔬菜瓜果种植业、果树种植业等。再如建筑业，从原始的单一职业发展到现在的建筑设计、土建、装修等。

3. 社会职业结构变迁的速度越来越快。从农业革命到工业革命经历了数千年，而工业革命到新的产业革命，用了200多年。电子信息行业从产生到发展成为一个热门行业，只用了几十年时间。

4. 职业活动的内容不断更新。同样的职业，在不同的时代，内容发生了变化。如设计院的工程师以前设计图纸时，使用图板、丁字尺、画笔，而现在运用CAD软件画图纸。再如邮政业，古代靠骑马传送邮件，而现在用飞机、火车、汽车、轮船等交通工具传送邮件。

5. 脑力劳动职业增加。随着教育、文化、科学技术等的发展，脑力劳动者逐渐多了起来。在我国，脑力劳动者和专业技术人员的比重也在不断增大。我国1982年和1990年两次人口普查的各职业人口构成资料表明，白领人员占各职业的比例由9.7%上升到11.8%。

6. 职业的专业化越来越强。若不具备一定的专业能力，达不到专业要求，则不能从事该职业。如现在的研究人员，不只是研究者，还有可能是市场开拓者或是管理者。

7. 职业活动自由化。首先，职业活动场所自由化，如网上上班。其次，时间自由化，像记者、律师、设计师等，没有严格的上下班时间限制，以完成一定的工作任务为目标。再次，自由职业者、自由撰稿人、作家等，他们没有具体的工作单位，以完成某项工作、任务的形式来履行职业职责。

8. 第三产业的职业数量大幅度增加。随着科技水平的提高，第三产业的职业数量大幅度增加，其就业人数在发达国家已超过50%。由于第三产业所具有的就业容量大、流动性大及弹性高的特点，将会吸引更多的高职院校毕业生从事第三产业的职业。

三、职业的分类及与行业、产业的关系

国民经济的分工体系是由产业到行业再到职业这三个层次组成。

$$\boxed{产业 \longrightarrow 行业 \longrightarrow 职业}$$

产业由行业组成。我国有三大产业：农业、工业、服务业。行业的着眼点是企业或组织生产产品的微观领域，体现的是以行业为单位的产品生产上的社会分工，行业由企业或组织组成。职业的着眼点是组织内工作人员的具体工种，如工、商、农、教育等是"行业"，而技术员、会计人员、教师等则

是"职业"。比如教师是职业，教育是行业，这个行业属于第三产业服务业。

四、热门职业

我国的人力资源专家根据行业前景、承受压力、进入门槛、福利待遇、供求、上升空间、收入等因素评选出当下"十大最热门职业"。

1. 销售员。是指以销售、租赁或其他任何方式向第三方提供产品和服务的人员，也包括广告、促销、展览、服务等活动的从业人员。

2. IT 工程师。IT 工程师是从事网络信息技术相关工作的人员的统称。它是一个广义的概念，包括 IT 设计人员、IT 架构人员、IT 工程管理人员、程序员等一系列岗位，工作内容都与软件开发生产相关。

3. 建筑设计师和建筑工程师。建筑设计师是指单纯的建筑专业的设计师，简称建筑师。包括建筑主体设计师、外墙设计师、景观设计师、室内设计师。建筑工程师是泛指建筑行业的各个工种的工程师，包括电气、给排水、暖通、消防、建筑、结构、土建、装饰等。建筑工程师通过与工程投资方（即通常所说的甲方）和施工方的合作，在技术、经济、功能和造型上实现建筑物的建造。

4. 高级技师。就是高级技能工程师。高级技师属于职业资格范畴，技师是各行业的高级技术人员中设置的技术职务。高级技师是在技术密集、工艺复杂的行业中具有高超技能并作出突出贡献的技师，是技术工人中技艺精湛、经验丰富和工艺加工生产制造的高级人才。

5. 公务员。指在政府部门工作的人员，依法履行公职、纳入国家行政编制、由国家财政负担工资福利的工作人员。1994 年 8 月 19 日，中国中央国家机关首次招考公务员。

6. 职业经理人。是指在一个所有权、法人财产权和经营权分离的企业中承担法人财产的保值增值责任，全面负责企业经营管理，对法人财产拥有绝对经营权和管理权，由企业在职业经理人市场中聘任，而其自身以受薪、股票期权等为获得报酬主要方式的职业化企业经营管理专家。

7. 人力资源管理师。是指从事人力资源规划、招聘与配置、培训与开发、绩效管理、薪酬福利管理、劳动关系管理等工作的管理人员。自 2003 年开始，在全国范围内开展企业人力资源管理人员职业资格认证，该职业已被国

家列为实行就业准入制度的职业，规定从业人员必须持证上岗。

8. 投资经理。是指分析经济形势，负责投资项目的市场调研、数据收集和可行性分析，设计投资项目，分析预测财务风险的工作人员。优秀的投资者要有敏锐的洞察力以及较强的风险控制能力，将风险降到最低，确保回报最大。

9. 咨询业项目经理。是对第三产业中以咨询服务为特点的各种行业的项目负责人的总称。因咨询业的特点为智力型服务，也被人们称为"头脑产业"。咨询的现代意义是指来自个体和组织外部的专业化技能，它以专门的知识、信息、经验为资源，针对不同的用户需求，提供解决某一问题的方案或决策建议。项目经理是一个项目的主导者。

10. 律师。是指依法取得律师执业证书，接受委托或者指定，为当事人提供法律服务的执业人员。按照工作性质划分，律师可分为专职律师与兼职律师；按照业务范围划分，律师可分为民事律师、刑事律师和行政律师；按照服务对象和工作身份，分为社会律师、公司律师和公职律师。律师业务主要分为诉讼业务与法律咨询业务。

生涯故事

正在消失的职业

爷爷算得上一个音乐制作人，因为他所到的地方就会组建一个"临时乐队"。在小镇上，他走到哪儿，不过半小时，那个地方就会响起各种锅碗瓢盆的敲击声，此起彼伏，真像是乐队的二重奏呢！说起来，现在的我们肯定想象不出那种画面，一群人簇拥着的，就是爷爷——补锅匠。

在那个物资匮乏的年代，一个物件是可以用很久的，坏了只需要补补就好。补锅以前是手工作坊的一门职业，属集体性质，学徒3年，收入极其微薄。出师后，处境才稍微有所改善。按锅的品种来决定工种的不同，例如，有专门补铁锅的，补搪瓷器皿的，补铝锅水壶的，技术、火候各不相同。当然，大师傅是可以"通吃"的，样样拿得起，放得下。但随着生意的萧条，这些作坊入不敷出，在经济的浪潮下逐渐分解为个体户的行当了。但不可否认的是，他们的收入都增加了不少。

一些补锅匠走街串户，悠悠地唱"补——锅——嘞——"嘹亮的嗓音绕梁不绝，惹得一帮婆婆媳妇忙着找出破锅烂碗，走在弄堂里，锅碗瓢盆一阵乱碰乱响，酷似一支五音不全的打击乐队，十分热闹。有意思的是，把铝锅底换了，补锅匠还不让客人拿走，装一锅水，要看它漏不漏。补锅匠信心十足：漏了，我一文钱不收！

攒够了钱的补锅匠，才能开一家小店，稳稳当当地吃起手艺饭。而一些头脑灵活的补锅匠，又开始在琢磨修理高压锅、电炒锅或者电饭煲了。时代在迫使每一个人前进，手艺人还能够坚持下去吗？

——选自《正在消失的职业》

社会的发展日新月异，科学技术不断进步，很多职业应运而生。例如，随着网络的产生与发展，出现了网络管理员。再如，快递业务的兴起，成就了快递公司和快递员。然而，社会的发展也使一些职业渐渐消失，如私塾先生、补锅匠、手扶拖拉机手等等。可见，职业有冷有热，也有生有灭。

五、自我探究

这么多形形色色的职业，是否有我感兴趣的职业呢？除了上述职业，我还对哪些职业有了解？我们可以先从身边的人开始认识职业，可以询问父母、亲人的职业，请他们从下面表格中列出的方面谈谈各自的职业。

称呼	职业	工作内容	工作经历	薪资福利	工作环境	工作满意度

人类为了生存与发展，必须依靠自己勤劳和智慧的双手去创造。职业给人们提供了这样的一种机会，除了满足自身的物质需要之外，更重要的是通过就业去实现职业理想，充分展示自己的能力和才华。我们只要积极努力，融入社会大家庭，在不同的岗位为社会做出贡献，都是值得赞扬和鼓励的。

> 人最宝贵的东西是生命，生命对人来说只有一次。因此，人的一生应当这样度过：当一个人回首往事时，不因虚度年华而悔恨，也不因碌碌无为而羞愧。
>
> ——《钢铁是怎样炼成的》

第二节　　职业探索

任何职业都不简单，如果只是一般地完成任务当然不太困难，但要真正事业有所成就，给社会做出贡献，就不是那么容易的，所以，搞各行各业都需要树雄心大志，有了志气，才会随时提高标准来要求自己。

—— 谢觉哉

导　读

高中时期的我们时常编织着幸福的职场美梦。在这个阶段，激发职业探索意识是相当重要的。在了解过职业世界之后，我们的心里是否已经有了自己的理想职业？那又该通过什么途径去探索身边的职业世界呢？职业探索不仅是为了获得职业目标，同时也是明确自我发展方向，实现个体自我完善的重要途径。

一、职业探索的目的

进行职业探索的目的主要有两个：一是弄清那些看起来自己喜欢的职业是不是真的适合自己。因为有的职业看上去很诱人，但真正深入了解后，我们可能会发现并不适合自己。二是通过探索，了解从事该职业所应具备的知识、技能和综合素质，以便明确今后努力的方向，并制订相应的行动计划。

二、职业探索的途径与方法

探索职业有多种途径，针对高中生来说，我们可以尝试通过以下几种途径进行职业探索。

（一）观察

我们可以在日常生活中直接观察父母、亲人以及其他社会中的职场人士，了解他们每天的工作状态、工作内容、经历、环境、满意度、压力等，从而获得相关的职业信息。也可以通过去单位参观，到相关职业现场短时间地观察，初步了解职业环境、职业人士的工作状态等等。

（二）访谈

访谈是通过和相关职业的从业人员零距离的交流，了解职业的相关状况及工作者的内心感受等。为了提高访谈的效益，我们应先制定访谈提纲，明确访谈的目的和意义，设计访谈的基本程序。

访谈提纲的内容可以包括以下几个方面。

1. 访谈目的。要准备访谈哪个相关职业的人？要了解该职业的哪些方面？

2. 访谈对象。可以直接访谈从事该职业的在岗员工，也可以访谈企业的人力资源部门负责人或相关工作人员。

3. 设计问题。可以根据自己的需求以及职业的特点来设定相关问题。例如，针对在岗员工可以问职业的具体内容、职业环境、晋升路径、职业压力、职场人际以及该职业所需要的专业技能等。针对人力资源管理人员可以问应聘该职业所需要的学历，对刚入职的新员工有什么具体要求，该职业需要具备的基本职业素质和能力、职业的发展空间等。

在职业访谈过程中，还需要注意一些细节。

- 访谈前要表明自己的身份，简要说明访谈目的。
- 要和受访者提前约定访谈时间和地点，以方便对方为原则。
- 着装得体，仪表大方，态度和蔼，措辞恰当。
- 在访谈过程中要记录受访者对问题的解答，做到价值中立，不评判。
- 访问完毕后应礼貌致谢。

除此之外，我们也可以将各行各业的职业人邀请到班级或学校进行职业座谈，同学们都能直接参与到座谈过程中。这种开放式交流对职业人的要求相对较高，他所面临的不仅会有提纲式的问题，同时也会有更多同学所提的开放的、个性化的问题。

（三）体验

主要是职业初体验，是探索职业环境、组织环境及岗位环境常用的途径。可以到职业场所进行一定时间的打工、兼职或实习。通过职业初体验，可以了解职业相应工作的性质、内容、氛围及职业环境，获得实实在在的职业感受。

（四）资源利用

可以通过各类媒体介质探索目前的职业种类和现状等。

1. 出版物。包括介绍行业、职业的专业书籍，名人传记，文学读物，职场类报纸期刊，行业协会报告、调查、研究论文等。

2. 视频资料。包括反映职场生活的影视作品，职场真人秀电视节目，网络上的相关职业视频等。

3. 招聘网站及搜索引擎。招聘网站上会有具体的职位类别、行业类别、工作地点等栏目，填入自己感兴趣的相关栏目，找到该职位的相关信息，如职位描述、岗位职责、任职资格和公司介绍等。搜索引擎能使我们更便捷地了解具体职位的工作内容和技能要求。

4. 职业论坛。比如天涯职场天地论坛，这是职场交流平台的论坛之一，是当下覆盖面最广、职位最多、行业最齐全的职业相关论坛。在论坛里你可以感受到职场中各阶段人群的职业经历和体会。

我们不仅可以通过以上四种途径探索职业世界，还可以通过模拟职业人宣讲、走进招聘会现场等方式进行探索职业。在对职业进行了解、分析的时候，应该采用多种途径，多角度、全面地探索职业世界。

生涯故事

阿兰从小就有一个文学梦，想长大成为一名作家。她的表姐在出版社工作，经常和一些作家沟通稿件，表姐告诉她："现代社会，作家一开始是养不活自己的。很多作家写的作品因为各种原因不能发表，或者所写的书没有出版社愿意出版，或者出版上市后滞销。你得先有一份稳定的职业，待经济基础夯实之后，才有可能去实现自己的作家梦。"表姐的话对于阿兰来说虽然有不小的打击，但她觉得表姐说的也并不客观全面。怎样才能真正了解作家这个职业？阿兰想更深入地进行职业探索，但除了求助"百度"外，她想不到更好的途径。可百度提供的信息又过于芜杂，难以选择。那么，除了借助网络之外，阿兰还有其他途径可选吗？

三、自我探究

以阿兰的理想职业"作家"为例，依据下表进行"作家"这个职业的探索。

职业	探索途径			
	观察	访谈	实践	资源利用
作家	去表姐工作的出版社，观察他们与作家之间的沟通	通过表姐可以联系一到两名作家进行访谈	将自己的作品发给出版社，看看出版社进一步的意见，也可以将作品发表在网络上，关注点击率和网友提的相关建议	通过职业招聘网站发现招聘作家的公司比较少，而招聘网络写手的公司比较多，也可以做兼职

我的理想职业是什么呢？可以通过哪些途径去深入地了解呢？制订一个探索职业的方案吧。

_____

_____

_____

_____

知识链接

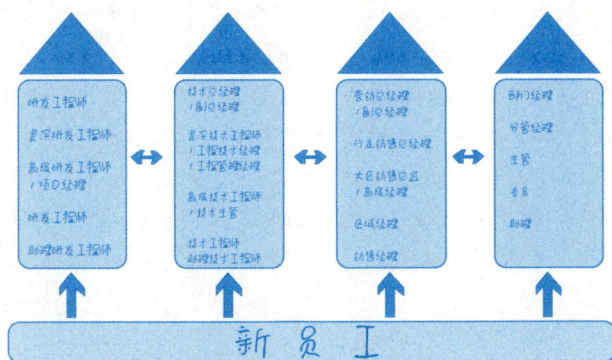

职业梦想之路

我喜欢的职业将来的发展空间大吗？如果选择会计职业是一辈子就只能做会计吗？职业发展路径，概括地说就是员工都有从自己现在和未来的工作中得到成长、发展和获得满足的强烈愿望和要求。为了实现这种愿望和要求，必须不断地学习，不然会在职场的竞争中被淘汰，职业的未来掌握在自己的手中，只有不断学习，才能为自己的职业创造更好的舞台。

以会计这个职业为例，探索其发展路径。

现在的会计一般都是专业毕业之后，直接从事会计工作。如果能及时调整自己的知识结构，培养管理团队的意识，总结成功的经验和失败的教训，不断改进工作中的问题，提高综合素质，将可以获得更进一步的发展。

路径一：熟悉会计操作、会计核算流程，具备财务筹划技能后，可以成为会计经理。

路径二：具备一定的财务管理能力和实际操作能力后，可以发展成为财务分析师、预算分析师、核算专员，进而发展成为财务分析经理、预算经理、财务成本控制经理或财务经理。

路径三：积累一定的经验，熟悉所处行业和企业的业务管理状况之后，可以向审计方向发展，成为审计专员，进而向审计经理发展，也可以转而从事统计工作，成为统计经理。

会计职业通道的三个系列。

职称系列：也就是会计从业资格→初级会计职称→中级会计职称→高级会计职称。除了从业资格是从事会计工作必须具备的基本条件以外，其他各级职称一般都是在单位评薪评级用的。政府部门、事业单位和国有企业比较重视这一块，现在有些上市公司和大型民营企业招聘经理级别的职位也要求中级或者更高级别的职称。

执业资格系列：这个系列里的证书是并行的，包括注册会计师CPA、注册税务师CTA、特许公认会计师ACCA。执业资格系列代表你在这个专业领域里面具备一定的资格，可以从事该专业较为高级别的工作。这个系列是最难考的，其证书的含金量也最高。拥有这些证书是跨入会计师事务所、审计师事务所、"四大"国际会计师事务所等等大门的基础条件。

专业资格系列：这个系列里面的证书也是并行的，包括资产评估师、经济师、审计师、统计师、金融分析师、财务策划师等。专业资格系列证书代表你具备从事这个专业工作的基础知识，一般是一种非强制认可的资格证书。

第三节　职业体验

纸上得来终觉浅，绝知此事要躬行。

——陆游

导　读

在对自己理想职业探索之后，想必已经跃跃欲试想去尝试做一次职场人，真实深入到具体的职业，体会职业的真实情况，包括了解职业的发展趋势、行业文化、工作氛围、薪酬状况和就业渠道等实用信息，以及对技能、文化、身体、心理及综合素质方面的具体要求。通过深入的职业体验，更进一步了解自己向往的职业，为以后的志向选择做参考。

一、职业体验的基本流程

我们想要更明确地了解理想职业的实际工作情况，可以为自己安排一些实地采访、实习或打工的工作体验，这些是投入该职业的基本预备动作。

根据职业初体验的目的与意义，制定体验方案，进行职业体验。

职业体验的相关流程如下。

（一）体验前

1. 信息查找。查找与自己职业目标相关的企事业单位，并了解该企事业单位的文化、内部结构、应聘条件等信息。

2. 沟通联络。与该企事业单位负责人沟通，表明自己的身份和意图，了解对方的需要，联系职业体验的相关事宜。

3. 要征得体验单位和家长的同意与支持。

（二）体验中

1. 参与活动。参与该企事业单位相关的职业工作及其他活动，培养职业适应能力、职业技能和综合素质等。

2. 寻找导师。多与该企事业单位的职员或与自己理想职业相关的人员交流。在这个过程中，寻找一位专业精通又善于指导别人的职业人士作为自己的职业导师，随时和他沟通、学习，获取相关的信息和帮助。

3. 体验职业。从下表中列出的几个方面进行职业体验，并完成表中内容。

职业体验内容

职业名称	
职业工作内容	
职业地位和声望	
职业能力要求	
职业素养要求	
工作环境	
工作压力	
对教育水平的要求	
职业发展前景	
职业资格证书	
职业薪资福利	
我对该职业的感受	

4. 注意事项。在职业体验过程中需要遵守以下事项。

（1）穿着得体，不一定要职业装，但是一定要整洁大方。

（2）注意自己的言行，谨记职业的规范与要求，按照职业要求进行职业体验，不乱动，不乱碰，不乱说。

（3）虚心请教，用心学习。随身携带笔记本和笔，做到随时记录。

（三）体验后

1. 职业初体验总结与交流。总结此次活动的经验教训，写出体验心得，并与同学交流，互相学习，交换在职业体验中不一样的体会和感受，能更多面地了解该职业。

2. 制订计划。在职业初体验过程中进一步发现自己有待完善的地方，重新调整自己的学习计划和职业体验计划，为下一次的职业体验做更充分的准备。

二、职业能力

对职业进行初步体验后，我们会发现，除了自身对该职业的兴趣以外，每个职业都需要相应的职业能力与素养。

职业能力是人们从事某种职业的多种能力的综合。例如，一位教师只具有语言表达能力是不够的，还必须具有对教学的组织和管理能力，对教材的理解和使用能力，对教学问题和教学效果的分析、判断能力等。如果说职业兴趣或许能决定一个人的择业方向，以及在该方面所乐于付出努力的程度，那么，职业能力则能说明一个人在既定的职业方面是否能够胜任。我们把职业能力分为一般职业能力、专业能力和综合能力。

1. 一般职业能力。主要是指一般的学习能力、文字和语言运用能力、数学运用能力、空间判断能力、手眼协调能力等。此外，人际交往能力、团队协作能力、对环境的适应能力，以及良好的心理承受能力，都是我们在职业活动中不可缺少的能力。

2. 专业能力。主要是指从事某一职业的专业能力。在求职过程中，招聘方最关注的就是求职者是否具备胜任岗位工作的专业能力。例如，你去应聘教学工作岗位，对方最看重你是否具备最基本的教学能力。

3. 职业综合能力，主要包括三个方面。

（1）跨职业的专业能力：一是运用知识的能力；二是计算机应用能力；三是运用外语解决技术问题和进行交流的能力。

（2）方法能力：一是信息收集和筛选能力；二是掌握制订工作计划、独立决策和实施的能力；三是具备准确的自我评价能力和接受他人评价的承受力，并能够从成败经历中有效地吸取经验教训。

（3）社会能力：主要是指一个人的团队协作能力、人际交往和沟通的能力。

三、职业素养

职业素养，又称"职商"，英文 career quotient，简称 CQ，是指职业内在的规范和要求，是在从事某一职业过程中表现出来的综合品质，包含职业道德、职业行为、职业作风和职业意识等方面。个体行为的总和构成了自身的职业素养，职业素养是内涵，个体行为是外在表象。所以，职业素养是一个人职业生涯成败的关键因素。职业素养是个很大的概念，专业是第一位的，但是除了专业，敬业和道德也是必备的，体现到职场上的就是职业素养，体现在生活中的就是个人素质或者道德修养。

职业素养是职业最根基的部分，职业能力是支撑职业人生的表象内容。

职业素养属于世界观、人生观、价值观的范畴，从出生到退休或至死亡逐步形成，逐渐完善。而职业能力，通过学习、培训比较容易获得。例如，计算机、英语、建筑等属于职业能力的范畴，我们可以通过一定时间的学习和训练掌握入门技术，在实践运用中日渐成熟而成专家。可企业更认同的道理是，如果一个人基本的职业素养不够，比如说对本单位忠诚度不够，那么，能力越高的人，其隐含的危险越大。

以下是某招聘会上部分岗位对求职人的基本能力及素养的要求。

序号	行业类别	岗位提供	学历要求	基本能力及素养要求
1	传媒广告	网站设计师	本科及以上	1. 有一定设计工作经验。 2. 熟练操作 PS、AI 等平面设计软件及动态设计软件。 3. 能够独立完成设计作品。 4. 富有创意、创新及沟通能力。 5. 平面设计、视觉等专业优先
2	教育培训咨询	出纳	本科及以上	1. 具有会计上岗证。 2. 熟悉使用 office 软件及相关财务软件。 3. 扎实的职业技能，良好的职业道德。 4. 工作踏实，细致，严谨，有较强的责任心
3	医疗产业	医师	硕士及以上	1. 获得《执业医师资格证》。 2. 具有良好的沟通能力和亲和力。 3. 爱岗敬业，有良好的服务意识和团队协作能力
4	法律	实习律师	硕士及以上	1. 具有司法资格证书。 2. 逻辑思维能力强。 3. 具有良好的语言文字表达能力和沟通能力
5	旅游	导游	大专及以上	1. 具有导游资格证。 2. 有较好的语言文字表达能力。 3. 热爱旅游。 4. 沟通能力好，有较强的服务责任意识。 5. 身体健康，能吃苦

生涯故事

一凡的学习成绩不太理想。他最大的爱好是饲养动物，在家里曾经养过猫、狗、金鱼、鹦鹉，甚至蛇和穿山甲。说起动物的习性和饲养的技巧，他如数家珍。他想放弃学习，自己开一家宠物店。因为宠物店老板工作相对自由，并且可以养自己喜欢的动物。爸爸并没有直接反驳他的观点，而是建议他去实地考察一下。爸爸帮他联系了学校附近的一家宠物店，老板同意一凡去做帮工。他借此机会向老板请教了很多问题，原来宠物店的市场并不乐观。最重要的是租赁房屋开设店面、购置饲养设备和雇佣员工等启动资金，是一凡和他的家庭不能承担的。按照老板的描述，对于宠物流行趋势还必须有比较敏锐的把握才能在市场中富有竞争力，光是店址的选择就是一件很棘手的事情。一凡回来后，冷静了许多。决定先好好学习，争取考上大学并学习与动物有关的专业，毕业后先积累经验和资金，再去开一家宠物店。

四、自我探究

我们可以通过实地体验，探索一下我的理想职业都需要具备哪些基本能力以及对职业素养有什么要求，并填写下表。

行业类别	职业岗位	学历要求	基本能力要求	素养要求

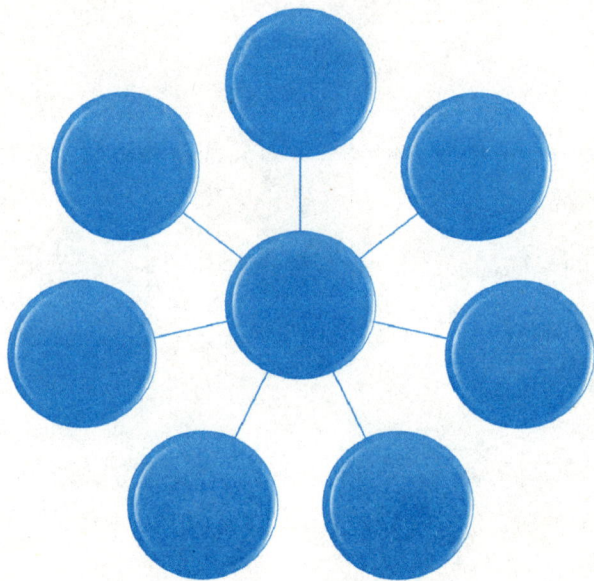

第四章

客观冷静的自我认知

导语

　　我们的成长离不开家庭、学校和社会环境，也离不开父母的关爱，老师的教育，同学的陪伴。家乡更为我们撑起了童年的梦想。在家人的期待中，我们怀揣着梦想，驰骋于学海之中，拼搏于试卷之上，为的只是将那看似遥不可及的梦想变为可以触摸的理想。在紧张的学习生活中，我们是否思考过这样的问题：我是谁？我有哪些兴趣和爱好？我具备哪些能力？我有怎样的性格取向？我该如何充分发挥自己的优长，实现自己梦寐以求的理想……

第一节　我　是　谁

知己知彼，百战不殆。

——《孙子》

导　读

每个人都有认识世界的需要，也有认识自我的必要。"我是谁？"是每个人在生活中都会面对的问题，这是生涯探索的重要内容。认识自我包括认识自己的兴趣、能力、性格、优势和局限性等。作为一名高中生，应该在明确奋斗目标的基础上，认真思考自己的优劣，选择发展路径，在此基础上学会管理自己，只有这样才有可能实现自己的理想。

一、我的兴趣爱好

每个人都有自己的偏好，有的是喜欢或亲近，有的是厌恶或远离。做几次深呼吸，梳理一下心情，客观地分析自己的兴趣爱好。

⇨ 在生活中，我总是不自觉地关注＿＿＿＿＿＿＿领域的事情。

⇨ 纵观高中各门功课，我最喜欢学习＿＿＿＿＿。

⇨ 我会花更多的时间放在＿＿＿＿＿科目的学习上面。

⇨ 虽然学习＿＿＿＿＿科目有时候会感到很累，但我从来没有感觉到痛苦。

⇨ 我本想一定要把＿＿＿＿学好，但是成绩总是不理想。

根据我的兴趣，将来可能选择的职业有：＿＿＿＿＿＿＿＿＿＿＿

二、我的能力特长

每个人都有擅长的领域，这些不同体现了人与人之间能力的差异。现在尝试回忆一下曾做过的最有成就感的事情，列在下表中，并分析事件中表现出的能力。

时间或学段	事　件	能　　力
小学五年级	参加市级作文比赛，并获得二等奖	写作能力

事件中体现出的能力可以在目前学习的哪些课程或学校社团、活动中得以更好地锻炼或发展呢？将其列在表格中。

能　　力	课　　程	社团或活动
写作能力	语文	文学社团、学校记者站小记者等

通过这些学习和锻炼，我的能力可以得到更好的发挥。这些能力也可以让我未来的职业存在多种可能。

依据我的能力可以选择的职业有：＿＿＿＿＿＿＿＿＿＿＿＿＿＿＿＿。

三、我的性格特质

每个人都有不同的性格特质，在生活中对人、对事、对自己、对外在环境所表现出来的适应方式也会不同。这些将影响我们对未来工作的选择。

在符合自己的性格特质后面划√（也可在下面空格中自己填写）。

性格特质	我觉得我具备	家人觉得我具备	老师觉得我具备	同学觉得我具备
外向				
热心				
固执				
温柔				
机智				
冒险				
乐观				
爱幻想				
情绪化				

续表

性格特质	我觉得我具备	家人觉得我具备	老师觉得我具备	同学觉得我具备
善交际				
富创意				
有上进心				
善于表达				
沉默寡言				
喜欢思考				
讲求效率				

还可以用什么方法来认识自己的性格呢？把能想到的方法或相关的资料整理一下吧。

• 哪种性格特质需要保持和发扬？

• 哪些性格特质需要改进，具体的改进办法是什么？

• 老师建议我的职业方向是：

• 家人希望我将来从事的职业是：

• 我认为我的性格特质适合的职业有：

生涯故事

雅静是一名外交部的英语翻译。她毕业于外交学院。

回想中学时代，雅静的学习成绩虽然不错，却不知道为什么而学习。雅静曾想做一名医生。可是一次偶然的机会，她看到电视节目中一名翻译讲着流利的外语，非常自信，在场的人都细心倾听……这一画面让雅静十分兴奋，改变了当初想当医生的梦想。她暗下决心，要做一名翻译。

怎样才能成为一名翻译呢？雅静完全不知道。班主任老师给了她一些建议：首先，对翻译工作感兴趣是很好的开始。其次，要了解作为一名翻译到底需要哪些知识、技能、人际、思想以及身体素质等方面的准备？第三，要了解自己目前有哪些优势或不足，并且要坚持发挥优势，改进不足，让自己离翻译工作更近！

雅静听了老师的话，开始自我分析。以前学习漫无方向，只是完成眼前的学习任务就一切 OK。现在有了比较明确的生涯目标——做一名翻译，才感觉到当下的学习有了方向和动力。说起来自己对外语很感兴趣，考试成绩一直很好。喜欢看外语频道的电视节目，还经常用外语写日记呢。通过网络查询，知道做翻译工作除了需要出色的外语能力以外，还需要具备很强的语言表达、临场发挥、机敏应变的能力，需要有良好的文字功底、广阔的知识面、较强的思辨能力、记忆力、心理承受能力等等。当然，一名优秀翻译工作者的中文水平和良好的言谈举止也十分重要。

3 年的高中生活，雅静发愤图强，各科的成绩十分优秀，完全有能力考入国内一流的综合性大学。但她为了继续追求自己的职业梦想，报考了外国语大学的英语专业。

本科毕业之后，雅静被保送到外交学院攻读硕士研究生。后被外交部录用，如愿以偿地成为了一名翻译。

1. 雅静为什么会选择翻译工作作为自己的职业理想？

2. 班主任老师给雅静的建议有哪几个方面？

3. 雅静对自己的分析包含哪些内容？

4. 雅静是怎样成为一名翻译的？

"自我"是十分丰富的，兴趣、能力、性格只是其中的几个方面。这几个方面密切相关，兴趣发挥着导向作用，能力会决定着发展的速度，性格则影响着发展的方式。兴趣是我们"愿意不愿意做"；能力是"能不能做"；性格是"适合不适合做"。当然，"自我"有优势部分，也会有不足，在生涯发展的过程中要扬长避短。要清楚多种因素的综合作用决定我们最终的选择与发展方向。

当我们开始了解自己，并懂得"最终为自己的生涯选择承担责任的人是我们自己"的时候，已经开始为自己负责了，当下的学业和未来职业的选择都有很多，在了解自己的基础上，结合自身状况和社会发展，确定自己的理想和目标，从现在开始学会管理自己，目标和理想会越来越近。

知识链接

在了解自己的能力优势时，我们除了可以从生活事件中了解外，也可以通过其他途径了解。比如通过教育心理学家霍华德·加德纳（Howard Gardner）提出的多元智能理论来了解自己的能力优势。

霍华德·加德纳认为人类的智能至少可以分成 8 个范畴：语言智能、逻辑－数学智能、空间智能、音乐智能、肢体－动觉智能、人际智能、内省智能、自然智能。每种智能所对应的部分工作技能以及代表性职业如下：

序　号	人类智能	工作技能	代表性职业
1	语言智能	叙述、写作、教学、讨论、研究、倾听、编辑、报告	翻译、作家、编辑、记者、律师、教师、档案员

序　号	人类智能	工作技能	代表性职业
2	逻辑－数学智能	推理、估算、计算、统计、分析、归类	会计、采购、保险、数学家、经济学家
3	空间智能	画图、想象、设计、创意、发明、制表、摄影、装饰	工程师、设计师、摄影师、美术教师、雕刻师
4	音乐智能	唱歌、弹奏、录音、指挥、作曲、调音	音乐家、调音师、作曲家、指挥、歌手、音乐教师
5	肢体－动觉智能	运动、制造、修理、安装、表演	舞蹈演员、模特、农民、工人、运动员
6	人际智能	服务、沟通、交易、顾问、谈判、心理咨询	经理、校长、社会学家、心理辅导人员、公关
7	内省智能	执行、评定、估算、规划、组织、自省、自知	心理学家、教师、心理辅导人员、企业家
8	自然智能	制作、培育、耕种、驯养	生物学家、天文学家、生态学家、园艺师

第二节　成长环境

逐境给人宝贵的磨炼机会。只有经得起环境考验的人，才能算是真正的强者。

——松下幸之助

导　读

每个人的成长道路都具有独特性。这种独特性的存在，除了人与人之间的个体差异，还源自于成长环境的不同，如家庭环境、学校班级环境、社会环境等。这些环境中有很多人对我们未来的职业生涯有重要的影响，比如家庭环境中父母和其他重要的家庭成员，学校班级中的老师、同学、朋友，以及家乡的榜样、家乡的优势等。不同的成长环境会塑造不同的"我"。

一、关于家庭

请在下面的房子图片里任意位置画出父亲、母亲和我的形象。家庭中如果有其他你认为重要的成员，也可以画出来。

完成后，请想一想：在我的画中，家庭成员彼此的位置和形象是什么样的？我和父母的关系如何？我在画画过程中的感受如何？

父母或其他家庭成员的职业、性格等会对我们的生涯发展产生影响，填写下表，来了解一下吧。

关系	职业	性格	对我生涯发展的支持/限制	我的感受

二、关于学校

学校里的老师、同学、朋友往往对我们的生涯发展方向有重要影响。

在我们的成长中，遇到过很多老师，我最欣赏的老师是谁？他（她）有什么特点？他（她）的优势有哪些？他（她）对我的影响是什么？请填写表格。

我欣赏的老师	他（她）的特点	他（她）的优势	他（她）对我的影响

朋友是我们一生的财富。如果一个人把快乐分享给一个朋友，他将得到两个快乐；如果一个人将忧愁向一个朋友倾诉，他将分掉一半忧愁。我的朋友都有谁？他们给我的影响有什么？请填写表格。

我的同学、朋友	他（她）的特点	他（她）的优势	他（她）对我的影响

三、关于家乡

家乡，是我们成长的地方，记录着我们人生成长的轨迹。现代人的家乡是个"大家乡"，小到我们居住的社区、村镇，大到我们生活的城市、我们的国家。这个家乡对我们每个人的发展都有影响。我的家乡到底是什么样的？来了解一下我的家乡和家乡人吧！

家乡的优势	家乡的榜样职业人	对我的影响及我的感受

生涯故事

我国杂交水稻之父袁隆平的成长经历离不开他母亲对他的影响。在袁隆平80岁生日晚宴上，他有一个致辞，题目是"稻子熟了，妈妈，我想您了"。他在文中写到：

妈妈，每当我的研究取得成果，每当我在国际讲坛上谈笑风生，每当我接过一座又一座奖杯，我总是对人说，这辈子对我影响最深的人就是妈妈您啊！

无法想象，没有您的英语启蒙，在一片闭塞中，我怎么能够用英语阅读世界上最先进的科学文献，用超越那个时代的视野，去寻访遗传学大师孟德尔和摩尔根？无法想象，在那个颠沛流离的岁月中，从北平到汉口，从桃源到重庆，没有您的执著和鼓励，我怎么能够获得系统的现代教育，获得在大江大河中自由翔翔的胆识？无法想象，没有您在我的摇篮前跟我讲尼采，讲这位昂扬着生命力、意志力的伟大哲人，我怎么能够在千百次的失败中坚信，必然有一粒种子可以使万千民众告别饥饿？他们说，我用一粒种子改变了世界。我知道，这粒种子，是妈妈您在我幼年时种下的！

1. 袁隆平能成为杂交水稻之父，他的家庭，尤其是他的母亲对他的影响是什么？

2. 袁隆平能成为杂交水稻之父，除了家庭影响外，还有哪些因素影响了他？

知识链接

家庭是我们每个人成长的第一环境。父母是人生中最亲密的重要他人，对我们人生的影响是巨大的。我们成长的痕迹渗透了父母抚育和教导的烙印。

父母对子女职业发展的影响过程十分复杂。布伦达（Brenda）等人（2005）提出了一个父母影响子女职业发展的模型，在一定程度上可以体现这一点。他们将这一影响过程所包含的因素分成三大类：父母因素、子女发展因素、子女职业结果。父母与子女的成长与发展相互影响，子女成长和发展过程中的各个方面又对其将来的职业结果产生相应影响，而家庭环境因素则作用于整个过程。如下图所示。

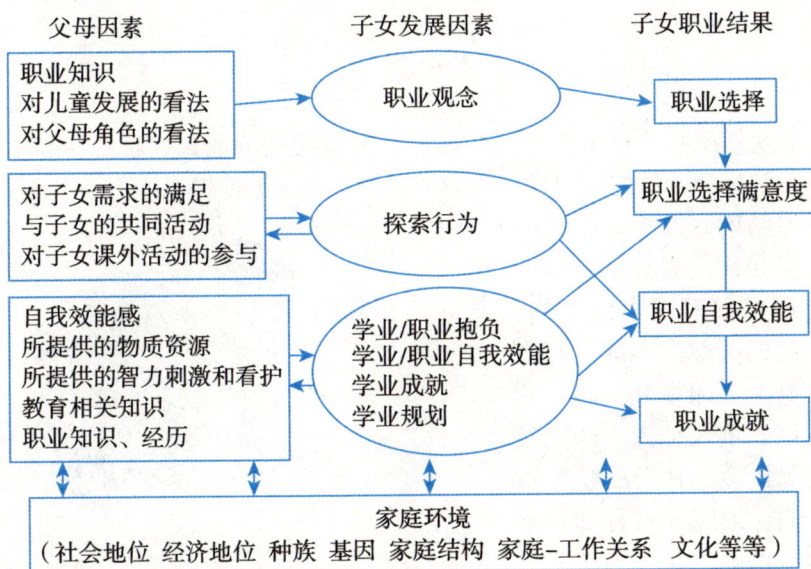

父母因素	子女发展因素	子女职业结果
职业知识 对儿童发展的看法 对父母角色的看法	职业观念	职业选择
对子女需求的满足 与子女的共同活动 对子女课外活动的参与	探索行为	职业选择满意度
自我效能感 所提供的物质资源 所提供的智力刺激和看护 教育相关知识 职业知识、经历	学业/职业抱负 学业/职业自我效能 学业成就 学业规划	职业自我效能 职业成就

家庭环境
（社会地位 经济地位 种族 基因 家庭结构 家庭-工作关系 文化等等）

第三节　我的理想

理想是指路明灯。没有理想，就没有坚定的方向；没有方向，就没有生活。

——列夫·托尔斯泰

导　读

从小我们就有着对未来的美好憧憬。随着我们的成长，对自我和对社会环境的了解加深，单纯的幻想，变为了梦想，确立为理想。

理想的确立和实现，是将个人愿望和社会需要结合的结果，受到多方面因素的影响，除了自己的天赋、兴趣、努力和坚持等个人因素外，还受到家庭环境、重要他人、榜样参照、资源机会、社会召唤等因素的影响，最终通过行动将现实与理想联系起来。

一、曾经的梦想

我们曾经的梦想可能很多，无论是宏大的梦，还是细碎的想法，都可能是理想的萌芽。

回忆我曾经的梦想。

学段	曾经的梦想
小学	
初中	
高中	

从小到大，我的梦想有没有变化？原因是什么呢？

二、家人的期待

采访自己的家人，聆听他们的期待，填写完成下面的问题。

我的名字是怎样起的？包含着家人怎样的期待？

我的家人希望我过怎样的生活？

家人的期待与自己的想法是否一致？如果不一致，我要怎样面对？

三、我的理想

我的理想是什么？列出作为理想的三个可能的选项，并评估它的动力指数和现实指数。"动力指数"指渴望将其实现的程度，满分为五颗星，星星越多代表越渴望实现。"现实指数"指实现的现实可能性大小，满分五颗星，星星越多代表越可能实现。将相应的星星涂黑。

我的理想	动力指数	现实指数
	☆☆☆☆☆	☆☆☆☆☆
	☆☆☆☆☆	☆☆☆☆☆
	☆☆☆☆☆	☆☆☆☆☆

为了实现"我的理想"，现在的我可以做哪些准备呢？

生涯故事

李昕的叔叔是名医生。从小，李昕就觉得当医生很让人羡慕，梦想着自己长大也能穿上那身白大褂，救死扶伤。上了初中，李昕接触到化学课和生物课。叔叔讲过的工作的故事让李昕对有趣的生物、化学知识很感兴趣，他立刻喜欢上了生物、化学实验。李昕的偶像是叔叔医院的神经外科专家杜叔叔。他梦想以后像杜叔叔一样用自己学到的知识来解救人们于病痛之中。

上高中以后，李昕在理科上表现出色，化学、生物更是一点不敢放松。他参加了学校的生物社团。李昕对生物兴趣更浓了，能力也提升很快，参加生物竞赛还获了奖。他的理想是考取医科大学，将来成为一名医务工作者。

高中毕业后，李昕成功地被医科大学录取，攻读临床医学。专业书摞起来厚厚一摞，"吓倒"了很多同学，但没有吓倒李昕。为了攻克这些书籍，李昕制订了严密的学习计划。读书的过程中，他越来越体会到医学的精深，也越来越体会到学习医学的成就感和乐趣。到医院实习时，李昕发现，作为医生除了过硬的专业知识，与患者的沟通交流也很重要，而自己这方面的能力尚显不足。他就设法锻炼自己的沟通技能，在生活中用心观察和学习，并请教身边的人，还去图书馆翻阅有关的书籍。李昕有一位老师是神经科学方向的专家，受他的影响，李昕决定大学毕业后考神经外科专业方向的研究生，在这一学术最前沿，也是社会最需要的领域进行钻研，再实现自己神经外科医生的理想。

1. 李昕从小就有当医生的梦想，长大后把它作为自己的理想。这种理想，与梦想有什么不同？

2. 李昕要实现当医生的理想，他身边有哪些有利条件和资源？

3. 为了实现自己的理想，李昕做了哪些努力？除了个人自身的努力，他的理想的实现还受到了其他哪些因素的影响？

4. A 同学认为：理想就是做自己想做的事。人生只有一次，不要考虑别人，要活出自己的想法。B 同学认为：能够为社会做出贡献，才叫理想。远大的理想要与国家和社会的发展联系在一起。选择自己的理想是否要考虑社会的需要？你怎么看？

第五章

目标引领的选课选考

导语

　　身处一个变革的时代，我们就要学会适应：适应变化的外部环境，适应新教育形势下的选课选考。也许我们心中还充满疑惑：面对众多社团与兴趣，我该如何抉择？面对众多科目与选项，我该作何选择？面对即将到来的高中三年，我该怎样规划自己的未来？我想告诉你：设计一张属于自己的生涯规划书吧，有了她的引领，你会做出正确的选择。整理好自己的思绪，亮出最好的自己，把理想变为现实，去完成你的理想之旅。正所谓：面朝大海，春暖花开……

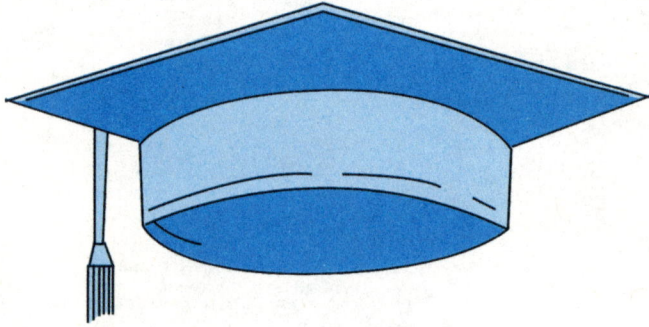

第一节 整理思绪

我终于相信，每一条走上来的路，都有它不得不那样跋涉的理由。每一条要走下去的路，都有它不得不那样选择的方向！

——席慕容

导 读

通过前面几章的学习，我们了解了多彩的职业，加深了对大学的认识，高中阶段面临的挑战以及什么是兴趣、性格和能力。现在，我们用由远及近的方法把之前所学进行梳理，从明确自己的职业目标开始，逐步梳理自己的优势与不足，为选课选考作铺垫。

生涯故事

小美是个漫画迷，从小就喜欢看漫画书，画漫画人物，还时不时参加动漫展示，过一把漫画瘾。她一心想当一名漫画师。

小美不仅有了明确的奋斗目标，还针对相关内容做了冷静的梳理。她下决心要苦练基本功，从临摹他人的作品开始，多多临摹大家的作品，提高自己的绘画技能。漫画是一个创造性的职业，逐渐过渡到凭记忆作画，然后是自己创作。创意源于生活，源于对生活的观察、提炼，要养成每天作画的习惯。

与此同时，小美积极关注和收集准备报考大学的各种信息。高考时，她可以选择北京电影学院、中国传媒大学、清华大学美术学院、中央美术学院等很专业的院校，全国还有许多高等院校也设有动漫专业，它们对于考生的专业水平和文化课的要求也不尽相同。于是，小美一刻也没有放松对文化课的学习，为高考积聚力量。

如果能考到自己心仪的大学学习动漫专业，她会感到无比地幸福。

小美的目标设计

目　　标	选　　择
职业生涯目标	动漫设计师
备选的专业	动画、动漫
可选大学	北京电影学院、中国传媒大学、清华大学美术学院、中央美术学院等很专业的院校
最终确定的理想大学	中央美术学院

小美的自我认知

自我认知方向	归纳认识自己
性格	认真，有上进心，爱幻想，独立，乐观
兴趣	通过职业兴趣岛测试，选择了艺术的岛屿
能力	参考加德纳的多元智能理论，觉得自己在空间智能、自然智能和人际智能方面比较擅长

自我探究

1. 我的职业目标初步确定是什么？

_____

_____

2. 我现在确定想上的理想大学和专业是什么？

_____

_____

第二节　选课选考

一个人如果不知道他驶向哪个码头，那么任何风都不会是顺风。

——塞涅卡

导　读

选课是为了更好地学习，取长补短发展自己；选考是为了接受选拔，扬长避短展示自己。高中生面对自我成长与高考的选拔，要做出睿智的选择。

一、选课方向

高中的课程是丰富多彩的，对我们的人生是一个知识和技能储备过程。首先，要认真完成语文、数学、外语3门必修课程和其他各门选修课程必修部分的内容学习，积累88个必修学分。然后，再根据学分管理的要求选择各门课程的选修Ⅰ和选修Ⅱ的内容，积累足够的56个选修学分（选修Ⅰ不少于42学分，选修Ⅱ不少于14学分），确保高中阶段顺利毕业。

在此基础上，依据自己的知识基础、能力水平、兴趣偏好以及自身的职业取向、目标大学、目标专业对高考科目的要求、高考时准备选考的科目等因素，在思想政治、历史、地理、物理、化学、生物6门课程中，选择确定3~4门课程继续攻读，作为高考备选科目。

二、选课方法

选择的方法多种多样，影响选择的因素也十分复杂。如何一步步地做好选课呢？

● 我们可以用倒置的方法，由远及近设计生涯发展路径，进而规划高中学业，明确选学科目。

● 我们也可以立足当下，把自己的能力和潜质充分发掘出来，选择感兴趣的科目作为选学科目，高考时选择最优秀的科目选考，根据高考成绩报考相应的大学和专业，大学毕业再考虑继续深造还是直接就业。

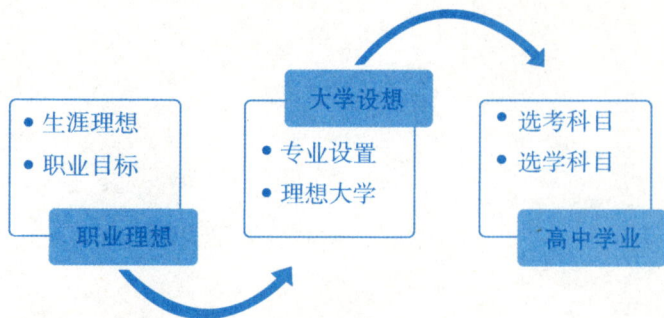

- 如果我们实在举棋不定，可以采用决策平衡单，把相关因素罗列出来，按重要程度，分别赋予不同的权重，根据自身情况赋值，量化处理选课难题。
- 倘若正向选择困难重重，也可以尝试使用排除法，即去掉我们不愿选学的科目，剩余的就是应当选择的科目……

生涯故事

永健非常喜欢电脑编程，初中时家里就买了 2 台电脑。他父亲说："怎么电脑到你手里就跟吃似的？"他说："不是坏了，是我想学编程，这个电脑不能用了。"

永健的职业理想目标是 IT 行业。高中阶段，他的学习科目就集中在数学、语文、外语、物理、化学、生物上。高考时成绩优异，如愿以偿，他考取了北京工业大学计算机应用技术专业，毕业后在一家 IT 公司工作，实现了自己的理想。工作有热情，有干劲儿，每次分配的工作量，都能提前 10 天或半个月完成，剩下的时间充实自己的生活，工作和锻炼身体两不误，并且职位很快得到了提升。

兴趣、理想是永健动力的源泉。他的选择是以兴趣为前提，理想为目标，脚踏实地，步步为营。

三、选考技巧

大学是培育精英的教育，高考是选拔精英的考试，参加高考就要展示自己最优秀的才华。因此，确定高考科目就要选择自己最感兴趣、实力最强、成绩最优秀的科目。到了高三，各科情况一目了然，确定选考科目水到渠成，关键在于备考。

在没有明确的发展方向，各门课程不分伯仲的时候，如何选择备考科目呢？

可以在日常各科学习积攒学分的过程中，全面出击，平均使用力量。可能有些学科只有在深入学习之后，才发现其学科魅力，才能感受到它与自身潜质的匹配程度。因此，要谨言慎行，不过早地决定某一科目是否纳入自己的高考选考科目。

既然高考采取"3+3""6选3"模式，那么，对于必考科目语文、数学、外语3门基础科目不用选择，从高一开始，平日里就应认真学好各门功课，扎扎实实地为高考做好准备。

选考的难题，在于从思想政治、历史、地理、物理、化学、生物六门选考科目中自主选择3门参加高考，共有20种组合。其实，只要厘清思路，恰当地利用我们的思维惯性，要破解这个选考的难题很简单！

● 首先要澄清，先前文理分科时只是文综和理综的两种固定搭配，考生只能"2选1"。而当下的"6选3"，只不过是打破了原来文综和理综的固定搭配而已。

● 然后，我们可以延续原有的思维模式，在文科、理科中"2选1"。

● 假设我们选择"理科"，这就说明，在理、化、生3门中至少有两门是强项，很容易发现剩下的一门是弱项。

● 接下来，在史、地、政3门中选择一门强项，顺理成章地用这一强项替换掉"理科"中的弱项。

这样的强强联合，就顺利地完成了自己选考科目的组合。

反之亦然。

一般来说，选学科目应该多于选考科目，以便高考时选择。反过来，选考科目必然是选学科目。因为，选考科目在学业水平考试的基础上，只有进一步扩展视野，提高能力，才可能在高考时取得理想的成绩。

四、自我探究

我的职业目标是 ＿＿＿＿＿＿＿＿＿＿＿＿＿＿＿＿＿＿＿＿＿

我理想的大学和专业是 ＿＿＿＿＿＿＿＿＿＿＿＿＿＿＿＿＿

选择的时候还有多方面的影响，可以多方面考虑。

家长的期待是什么？

＿＿＿＿＿＿＿＿＿＿＿＿＿＿＿＿＿＿＿＿＿＿＿＿＿＿＿＿＿

＿＿＿＿＿＿＿＿＿＿＿＿＿＿＿＿＿＿＿＿＿＿＿＿＿＿＿＿＿

老师的建议是什么？

＿＿＿＿＿＿＿＿＿＿＿＿＿＿＿＿＿＿＿＿＿＿＿＿＿＿＿＿＿

＿＿＿＿＿＿＿＿＿＿＿＿＿＿＿＿＿＿＿＿＿＿＿＿＿＿＿＿＿

＿＿＿＿＿＿＿＿＿＿＿＿＿＿＿＿＿＿＿＿＿＿＿＿＿＿＿＿＿

同学、朋友或学长对你的影响是什么？

_____

_____

我决定，高中阶段选学的科目是 _____

_____

我选择参加高考的考试科目是 _____

_____

第三节　我随心动

> 千里之行，始于足下！
>
> ——老子《道德经》

导　读

把心动付诸于行动，在确定了高考的专业方向后就要具体规划自己的学业，尤其是选考学科的情况分析，在本节要做出具体的学习计划。

学业规划是指为了提高求学者的人生职业（事业）发展效率，而对与之相关的学业所进行的筹划和安排。具体来讲，是指在求学者完成文化启蒙阶段的学习以后，也就是在决定其职业发展方向的源头上（一般为初中毕业），通过对求学者的自身特点（性格特点、能力特点）和未来、正确认识，确定其人生阶段性职业（事业）目标，进而确定学业路线（专业和学校），然后，结合求学者的实际情况（经济条件、工作生活现状、家庭情况等）制订学业发展计划，以确保用最小的求学成本（时间、精力、资金等）获得阶段性职业目标所必需的素质和能力的过程。

什么是学业规划？简单说，就是研究学科与专业、专业与专业之间的逻辑，确立科学、理性的学业决策模型和流程。

生涯故事

志强的高中学业规划书

志强同学比较喜欢航天，一直憧憬着能遨游太空，最终把自己3年后的专业初步定为和航天相关的专业。因为他不善于记忆，在历史和政治学科上没有优势，为此，选考科目就定为物理、化学和地理。物理和化学学科的选择是因为专业的选考，而地理学科的选择是因为自己比较喜欢。综合近几年航天类专业的录取分数，都在重本线以上，志强同学这3门选考科目除了物理比较有优势外，化学和地理学科还需要努力。为了实现自己的航天梦，志强与父母一起制订了具体的学业规划书。

第一阶段——高一上学期

主要目标：过渡、适应。

完成初中到高中的过渡，适应教师的授课方式，适应自己所在班级的学习氛围，与一些志同道合的同学形成稳定的学习团体。

抓好课堂，保证自己课堂的学习效率。主动提问和回答，积极参加课堂讨论，提高自己的思维能力，做好笔记，复习时能提高效率。同时，也要养成分类整理好自己的学习用具和每天、每周进行复习总结的习惯。

打牢必修科目基础，甄别选修科目优劣。

第二阶段——高一下学期

主要目标：稳定、选课。

保证必修科目和优势科目的稳定跟进，切实补救选课选考科目的不足。养成预习的习惯，做好学期预习、单元预习和课前预习。

学期初通览新教材，特别是化学和地理。通过查看目录、内容提要等了解各科的知识框架，在笔记本上自己画出知识结构图，将自己感觉困难的部分做出重点标记。

单元预习的时间一般安排在双休日或假期。预习的时候直接在教材上勾画，找出重点和难点，思考知识点的内部联系。

课前预习一般安排在每天晚上。处理完当天的作业后，根据自己的课表预习第二天的课程。其中，地理学科事实较多，理论较少，可以粗略些，厘清提纲和层次即可；化学学科针对具体的内容做安排，尤其是有实验内容时，要将疑点标记下来，不自己钻牛角尖，及时向同学或老师请教。

第三阶段——高二学年

主要目标：会考、过关。

一般情况下，各门选修科目要在高二进行会考，会考成绩会依据等级、按比例（40%）计入到高考成绩。这等于是自己的小高考，所以，会考合格是基本目标，尽可能地考出好成绩是理想目标。

通过会考，进一步确认自己的选考科目，观察自己在化学和地理两门较弱科目的追赶情况，及时调整学习对策。

第四阶段——高三学年

主要目标：备考、冲刺。

以"保强提弱"为基本策略，跟定学校的安排，系统归纳各科的知识体系，全面进入复习备考状态。

张弛有度，劳逸结合。每天坚持体育锻炼 1 小时，每晚收看《新闻联播》。

以"安全至上"为基本原则，减少甚至杜绝与人发生矛盾，努力营造和谐氛围。力争实现积极备战，平安高考。

自我探究

我也可以和父母一起制定高中学业规划书。

计划名称	时间跨度	目标内容	内外困难	行为管理措施
高一年级	第一学期			
	第二学期			
高二年级	第一学期			
	第二学期			
高三年级	第一学期			
	第二学期			

任何由远及近或由近及远的分析，都是我们的判断。任何美好的愿望都是我们的设想。千里之行，始于足下！只有我们处理好每一件眼前的事物，上好每一节课，把握好每一天的生活，才有可能逐步奔向梦想的彼岸！

马克思说过：在科学上没有平坦的大道，只有不畏劳苦沿着陡峭山路攀登的人，才有希望达到光辉的顶点。